漢代的相人術

祝平一 著

臺灣 學生書局 印行

謹以此書獻給

我的父母、我兒愷信及
吾妻玉珍

謝　　辭

　　在學生書局惠予出版此書之際，我要感謝業師邢義田先生三年來的悉心教導，與他對本文許多細節與概念上的導正。蕭璠與廖伯源兩位先生對於本文的修訂，提供了許多寶貴的意見，特此致謝。此外，杜正勝、傅大爲與黃俊傑三位老師的多方啓迪，使我獲益良多。吾友李建民、吳有能、陳俊強的幫忙與鼓勵，及清華史研所的同學與學弟妹在討論會中不吝指教，在此一併申謝。最後，要感謝我父母親多年來的寬容與支持，內子李玉珍、吾弟平次爲本書所做的校對工作。

祝平一　謹誌於洛杉磯
一九八九年夏

目　　次

第一章　緒　論

　　本文旨在探討漢代「相人術」的內容與歷史發展。所謂「相人術」亦即今日所通稱的「相術」，或「看相」。本文捨「相術」，而稱「相人術」，主要是因為魏晉前的典籍多稱看相為「相人」。關於這一名稱，清代的兩位考據學家有不同的見解。筆者便以他們的看法作為討論的起點。

第一節　相人術釋名

　　《荀子》<非相>篇開頭便道：「相人，古之人無有也；學者不道也。」王先謙《集解》云：

> 王念孫曰：「元刻相下無人字，宋龔本同。案無人字者是。此謂古無相術，非謂古無相人也。謂學者不道相術，非不道相人也。下文云：『長短小大，善惡形相，古之人無有也，學者不道也。』是其證。宋本作相人者（此宋本當非龔本），涉下相人之形狀而誤。」
> 王先謙案：「有相人即有相術，王說似泥。下云：『古者有姑布子卿。』是古明有相術、相人矣。荀子以為無有者，世俗所稱，學者不道，故雖有，直以為無有耳。」❶

王念孫認爲《荀子》原文當作「相，古之人無有也」。而他所謂的「相」即「相術」，亦即專從人之「形狀顏色」論人「吉凶妖祥」之學❷。他說「非古無相人也」是因爲考察人物之例在《左傳》、《國語》中俯拾即是，他認爲這即是「相人」。但從《左傳》中的例子可以看出專從形體外貌以論人之吉凶當稱爲「相人」，不稱「相」，亦不稱「相術」：

> 王使內史叔服來會葬。公孫敖聞其能相人也，見其二子焉。叔服曰：「穀也食子，難也收子。穀也豐下，必有後於魯國。」❸

叔服據「豐下」論斷公孫穀能有後於魯。再看子貢論觀人之法：

> 邾隱公來朝。子貢觀焉。邾子執玉高，其容仰；公受玉卑，其容俯。子貢曰：「以禮觀之，二君者，皆有死亡焉。夫禮，死生存亡之體也，將左右、周旋，進退、俯仰，於是乎取之；朝、祀、喪、戎，於是乎觀之。今正月相朝，而皆不度，心已亡矣。嘉事不體，何以能久？高、仰，驕也；卑、俯，替也。驕近亂，替近疾，君爲主，其先亡乎！」❹

子貢所提出的觀人標準是禮，而不是其長相，可見「相人」（即王念孫所謂的相術）與一般的考察人物（即王念孫所謂的相人）在方法上有相當的差異。依照王念孫的意見，考察人物應當稱爲

「相人」；而看相應稱爲「相術」，而不是本文所稱的「相人」。但《左傳》中僅此一例言及「相人」。叔服乃從面相之觀點，說公孫穀能繼承公孫敖之權位。若依王念孫之說，何以其他考察人物之例不稱「相人」，而獨此從骨相論人之例稱「相人」？「相人」之名常見於秦、漢間之典籍，且其所指大抵是從人之外貌以見人之吉凶：

1、尹鐸對（趙簡子）曰：「臣嘗聞相人於師，敦顏而土色者忍醜。」（《呂氏春秋》〈達鬱〉）

2、呂公，單父人也，好相人。前（蒯）通知天下權在韓信，欲爲奇策而感動之以相人，說韓信曰：「僕嘗受相人之術。」韓信曰：「先生相人何如？」對曰：「貴賤在於骨法，憂喜在於容色，成敗在於決斷。以此參之，萬不失一。」（《史記》，〈淮陰侯列傳〉）

3、上使善相人者相通。（《漢書》，〈佞幸傳〉）

4、相人二十四卷。（《漢書》，〈藝文志〉）

5、始（黃）霸少爲陽夏游徼，與善相人者共載出。（《漢書》，〈黃霸傳〉）

6、（靈帝時）有龍淵者桓帝時善相人也。（董斯張：《廣博物志》，引《項氏始學篇》）

爲人看相稱爲「相人」可能因爲相人只是當時諸多相法中的一種，其他尚有相狗、相馬、相刀劍……等「相術」❺，故特別言「相人」以與其他的相法區別。「相術」一辭據筆者所知最早出於

《三國志》＜方技＞：「朱建平……善相術……又善相馬。」❻
從上下文看來，陳壽所說的「相術」當即「相人」，亦即看相。
但即使相術之名出，相人之稱仍沿而不替。如：

1、有龍穆者，徒好飾美辭說，觀於坐席，相人眉睫。（
　　《孔叢子》，＜抗志＞）

2、每以其法相人，千百不失。（《孔叢子》，＜執節＞）

3、敢問聖人之相人。（皮日休：《皮子文藪》，＜相解＞）

4、《長短經》＜察相＞曰：「夫相人先視其面。」又注
　　引孔熙光曰：「就姚生曰：『夫相人也，天欲其圓，
　　地欲其方……』」（《長短經》，＜察相＞）

5、《廣博物志》引《物原》曰：「伯益始相，周史佚始
　　相人。」（《廣博物志》，卷二十二）

從以上所徵引的文獻可知「相人」在魏晉之前不單稱「相」或「
相術」，而以「相人」一語爲看相之專稱。

　王先謙覺得有相人即有相術，他認爲荀子之所以以爲古無看相之
術是因爲「世俗所稱，學者不道」。王先謙的意見點出看相這一
社會行爲在社會／文化範疇中位置的問題。這種專從人之體貌論
人之命運吉凶，而不管人之行爲與道德的學問，在荀子看來只是
世俗之學，不當是學者所應專注之處。荀子認爲人的吉凶不表現
在人的形貌上，而在人的道德與行爲。＜非相＞篇中說：「君子
之謂吉，小人之謂凶。故長短小大，善惡形相，非吉凶也。」又
說人有三不祥：「幼而不肯事長，賤而不肯事貴，不肖而不肯事

賢。」復論人之三必窮云：「鄉則不若，悄則謾之……知行淺薄，曲直有以相縣矣，而仁人不能推，知士不能明，是人之三必窮。」荀子認為人之所以為人不在其外貌形相，人「二足而無毛」，狌狌亦然，如果僅以一幅臭皮囊論人，那麼人與狌狌差別何在？因此荀子認為人與其他禽獸最大的差別在於人有禮，以辨人倫。因此吉凶的標準在於人之是否守禮而為君子。據此，他提出了論人的標準：「相形不如論心，論心不如擇術。」而人之存心持術顯之於言行，故荀子主張從言行去考察一個人。依照荀子的標準，前引子貢論人邾隱公與魯定公之將亡，皆不在其所謂「相人」之範圍內。

　　荀子以「世俗」與「學者」對稱，有類於人類學家所謂的「大傳統」（great tradition）和「小傳統」（little tradition）的區別。相人術依荀子的意見當歸入通俗文化的小傳統中。他的看法也大體為歷代學者所接受，此從歷代＜藝文志＞和目錄學著作將人倫鑒識之書分在名家，而相書則在五行類可以略窺一斑❾；而《太平御覽》亦將看相、知人、人物品藻分屬於三個不同的範疇❿。此大體是從相人術在社會／文化範疇中的位置來區分相人術和其他菁英文化考察人物的方式。然而以文化脈絡中的位置所做的區分，卻不見得可以將相人術和其他觀人的方法在內容上完全區分開來。人物考察在春秋戰國時代的菁英文化中似乎是相當普遍的活動。春秋時代的貴族常從某人言行舉止、穿著用度是否合禮來論列其存亡與家族的興衰。依荀子的說法，這不屬於相人術的範圍，但據前引《左傳》，叔服卻在相同的歷史脈絡中從形體的角度來討論相同的問題。戰國時代養士之風大行其道，

各國君王莫不爭相徵拔人材，爲了應付這種需求出現了不少考察人物的專書。如：《逸周書》＜官人＞、《大戴禮》＜文王官人＞、《六韜》＜選將＞、《呂氏春秋》＜論人＞❶。這些書中條列了觀人術之準則，但亦摻雜了許多由形貌論人的方法。《六韜》＜選將＞所提出的知人八徵，和《呂氏春秋》＜論人＞中所謂的八觀六驗、六戚四隱中的八觀相類。這兩部觀人的專著完全就個人日常生活中的行爲舉止去考察一個人，猶有昔日春秋貴族論人之遺風。《逸周書》＜官人＞與《大戴禮》＜文王官人＞文字大體相同。其所提出的觀人標準有「觀誠」「考志」「視聲」「觀色」「觀隱」「揆德」六徵。其中以視聲、觀色較近於相人術，也許其中有部分和當時的相人之法重疊。不過＜官人＞所謂的視聲主要是從音聲而考其心氣，且必須與人之行爲動機合觀，這和看相者唯吉凶是問的情形並不全然相同。至於＜官人＞所謂之觀色，則考其喜、怒、欲、懼、憂之色，與相人術著重在觀人面之氣色似亦不盡相同。從這些例子中可以看出，當時「學者」論人的方式似已有被「世俗」所稱的相人之術滲透的跡象。其實這種大傳統和小傳統相互交流的情形，倒是文化系統中的常態。日後人倫鑒識的專書《人物志》中，＜九徵＞一章便專論人之相貌與人才情間的關係；而范曄也曾指責當時有人將郭泰的人倫鑒識之術搞得有類卜相之書❷。這些都是文化系統中，菁英文化和大眾文化相互交流的現象。二者交流之時並非一成不變，而是透過變形後才爲不同的社群所接收。大體說來，大眾文化多經過理論化與系統化的加工過程才爲菁英文化所接受，而菁英文化則多經過神秘化與簡單化的過程才加入大眾文化。當看相融入菁英文化

的觀人傳統中，通常所觀的不再只是吉凶而已，而多將形貌與個
人的才情相關連。而原先重在考察人物行爲的觀人法，流入相人
術的傳統中，便以專論吉凶爲主。或許當時荀子已察覺相人之術
在社會的菁英文化中逐漸流傳（詳第二章第二節），他才會對於
相人術加以攻擊，而他的策略則在強調這一世俗所稱考察人的知
識缺乏長遠的傳統，而且已往的學者也不曾接受這一類論人的概
念，以藉此將相人術與考察人的言行道德撇清。

　　總結上文，筆者認爲王念孫稱先漢時期的「相人術」爲「相
術」或「相」並不恰當，從漢及先漢的文獻中看來，看相活動當
稱爲「相人」爲是。王先謙認爲相人一辭無誤，且點出了看相活
動在文化領域中的位置不同的問題。由此種位置上的差異，使得
看相和人物評論逐漸分屬不同的概念範疇，而「相人」遂成爲看
相活動的專稱❸。爲「相人術」正名之後，筆者將繼續檢討目前
學界對於這個問題的研究情形。

第二節　前人研究之回顧

　　中國古代的相人術，學界至今尚缺少有系統的研究❹。據筆
者所知有人類學家Ｗ．Ａ．Ｌｅｓｓａ發表過兩篇文章和一本書。兩
篇文章中的一篇是討論中國相人術的興起與發展，名爲＜中國相
術的脈絡＞❺；另一篇則是討論西洋相人術的發展、內容和功能
❻。關於西洋相人術的問題本文不擬加以討論。至於＜中國相術
的脈絡＞一文是作者在寫完《中國的相術》（Chinese Body
Divination）一書後，覺得歷史分析的重要性而作❼。

　　另外，季羨林先生也曾討論過和相人術有關的問題，但所論較為簡略。因此本文便先討論他的意見。季羨林先生比較佛教經典中的佛陀相，和魏、晉、南北朝時史書中所載的帝王特徵，發現其中有些和佛陀的「三十二相，八十種好」相類。他認為這是統治者利用佛經神化自己，欺愚百姓❶。季先生也談到在此之前中國帝王相亦有些異相，但並沒有再加以分析。筆者認為季先生所談到的帝王相和佛陀相類正是在此之前中國已有的「聖人不相」這一概念的延伸（詳第三章），而佛教經典的譯出，只是為這個概念增加新內容。W．A．Lessa 引季先生說法來作為中國相人術乃自域外傳入之佐證❶。但從季先生的文章中，無法推論出周、漢時代的相人術曾受佛教的影響，而從中國的史料中亦無法證明W．A．Lessa 的論點。

　　《中國的相術》雖是人類學家所寫，其所用的研究方式也是人類學的方法，但其取材並不是人類學的田野材料，而是以相書為其材料來源；所談的不是目前相人術狀況，而是歷史中的相人術。本書共計九章，大體可分為五部份。第一部份，亦即其書的第一章，是引言。在引言中作者提到本書所要討論的問題有：一、中國相人術和西方相人術的關係。中國相人術是西洋傳來的呢，或是自行發展出來的？二、何以相人術未出現在原始部落而只在較高的文明中出現？其歷史性的因素和功能性的因素為何？作者採用比較研究法，希望能透過比較研究求得「科學性的普遍法則」❷。第二部份，也就是第二章，作者討論中國相人術的解釋邏輯。他對中國相人術的解釋邏輯總共列出了九點，分別是：一、感應思想（correlative thinking）；二、個人即是小宇宙原

則（ microcosmic principle ）；三、陰陽原則；四、五行原則；五、八卦；六、以動物爲人分類的原則（ theriological princi-ple ）；七、中和原則；八、理氣；九、其他（主要是有關相人術中所涉及的數字）。這一部份作者雖討論了許多相人術的解釋原則，但作者並未將這些原則作一整理，而只是條列出在相書中所能看到的一些現象。第三部份，也就是該書的第四章至第六章，討論的是相書中的相法。這一部份主要是將《神相全編》一書做重新的組合，加以翻譯；但作者省略了有關相女人、相兒童、相氣色和氣的影響四部份。這些省略至少使他在最後一部份討論相人術的功能時所作的統計有些偏差。他所做的統計中，認爲相人術不關心疾病問題，實則相書中有關疾病的討論大都在有關氣色的部份言及。如敦煌出土的一本相氣色的相書便有許多關於疾病的討論❹。第四部份，也就是第六至第八章，討論中國相人術是否源於西方。作者用了許多考古材料來證明中國文明和西方的關係，但他也討論了中國一些特有的觀念。作者的結論是中國的相人術很可能在西元前七世紀以前從西亞兩河流域（ Mesopota-mia ）傳來，但傳到中國後便有了其他的發展。第五部份，也就是第九章，討論相人術的功能。他認爲中國相人術的起源和社會流動有關。他分析《神相彙編》一書中的相例❷，發現功名和宦途兩部份佔了最高的比例，所以他認爲相人術的功能在於消除人在社會流動中所產生的焦慮。

　　W. A. Lessa 對相人術的分析限於其內容、起源和功能。雖然他也採取了歷史的分析，但只在討論相人術的功能時附帶提及，沒有提到相人術在不同的歷史時段，不同的人群中如何扮演

不同的角色。作者對於歷史分析的粗略可從其引用的書目看出。他一本歷史文獻也沒引。不但正史沒有,即連宋以後筆記小說中論及看相的資料都引得很少。作者所用的歷史材料主要是相書和一小部份論相的文章。其次,作者也未注意新發現的材料。他並未使用當時已出土的敦煌相書殘卷;否則他在論及看相和疾病的關係,以及在本書和<中國相人術的脈絡>一文中論及從漢到唐是相人術理論的停滯期的論點當會改觀。❷(有關敦煌的相書殘卷的討論見第六章。)

　　W．A．Lessa 在使用材料時也沒有注意到歷史材料和人類學材料間可能產生的差異。人類學的知識基礎建立在田野調查上,經由身歷其境的田野調查,人類學家可以從較完整的資料中瞭解某一社會現象的運作細節;然而這一長處也正是人類學的局限。田野調查雖然可以供給詳細的實證性材料,但只能得之於目前尚存的社群;而且通常亦局限在原始部落或是較小的區域範圍內,且多只及於社會中的下層階級。從人類學研究所得的結論,是否能用在歷史現象中,不無疑問❷。

　　前人著史總以帝王將相爲主角,一般相士、平民百姓若非與上層結構相關,很難進入史籍。在這種狀況下,史書中關於看相的記載必然已經過高度的選擇。不僅如此,社會中看相之事何其多,而只有「相得準的事件」才會爲人所傳頌。西晉的王朗在批評相人術時說:

　　　　彼度表捫骨,指色摘理,不常中,必矣。若夫周之叔服,
　　　　漢之許負,各以善相稱于前世,而書專記其效驗之尤著者

，不過公孫氏之二子與夫周氏之條侯而已。**㉕**

經過這兩層過濾所保留下來的史料不是一隨機樣本，而只有與帝王將相相關且相得準的事件才能見於記載。即令在筆記興起後，民間看相的資料較多，但只記應驗的事件這一原則仍沒改變；而且也仍多局限於與某些特定的社會階層——通常還是與統治階層關係密切的階層。洪邁的《夷堅志》便是一個例子**㉖**。如果將這些具有高度選擇性，且所選人物的階層性亦異於田野材料的文獻當作是歷史的全貌進而推論相人術之發展狀況，反而徒生誤導。Lessa認為宋以前相人術僅流行於士大夫之間，尚未普及到一般平民，便是一例**㉗**。

　　另外，筆者想談一下W. A. Lessa有關中、西相人術的比較部份。他作比較研究的目的之一在於追溯中國相人術是否從西方傳來。作者從一源傳播論的立場來談這個問題。作者的結論是相人術起源於西亞兩河流域，然後往各處傳播，可能在西元前七世紀前便已傳到中國；而後又滲入了一些中國特有的概念，發展出具有中國特色的相人術**㉘**。作者首先從各種考古材料中找出中國和西方相似之處，以說明在絲路未開通以前，中、西間透過中亞的交往已很密切。其次，作者再比較中、西相人術間的差異，並為他的一源傳播論作了一些彌縫。作者認為，對於某一文化完全陌生的概念將會被這個文化所排斥，只有和這個文化相去不遠的概念才會被接受；並且接受者會對這一概念做某些修飾，以抹去傳播的痕跡**●**。作者雖然找不出直接的證據證明中國的相人術來自西方，但在一源傳播論的思考模式下，他認為中國的相人術

當是自西方傳來。

　　姑不論一源傳播論是否能成立，也不論中、西文化透過中亞的交流，其緊密程度已遭到懷疑❸。筆者只想指出 Lessa 的一項錯誤。作者以為將占星學與相人術合一是西方相人術的一項特色，為中國的相人術所無。這一說法有待商榷。《劉子》＜命相＞云：

> 人之命相，賢愚貴賤，脩短吉凶。制氣結胎受生之時，其真妙者，或感五行三光，或感龍跡氣夢。降生凡庶，亦稟天命，皆屬星辰。其值吉宿，則吉；值凶宿，則凶。受氣之始，相、命既定，卽鬼神不能改移，而聖智不能迴也。華胥履大人之跡，而生伏羲；女媧感瑤光貫日，而生顓頊；慶都與赤龍合，而生唐堯；握登見大虹，而生舜；脩己見洞流星，而生夏禹；夫都見白氣貫月，而生殷湯；大任夢見長人，而生文王；顏徵感黑帝而生孔子；劉媼感赤龍，而生漢祖；薄姬感蒼龍，而生文帝。微子感牽牛星；顏淵感中臺星；張良感狐星；樊噲感狼星；老子感火星。若此之類，皆聖賢受天瑞相生者也。❸

這一段文字討論命相術之所以可能，乃因人在初生之時其命已為當時輪值之星宿的位置所決定。《劉子》的論點說明了中國相人術理論亦曾與占星術結合❸。占星術不止在理論層次與相人術結合，也實際在相法中實踐。《宋史》＜藝文志＞便載有《五星六曜面部訣》一書❸，《神相全編》中也記載有＜五星六曜說＞❸

。這都是把占星術融入相法中的例證。這又不免令人想起一個問題：W. A. Lessa 所謂中、西相人術之間觀念的相似究何所指？以占星術與相人術的結合爲例，把星占和命相相合而談，皆可見於中、西的相人術，但其結合的方式、實際操作上皆有不同。那麼，所謂同與異之間的標準何在？要談觀念的同異只看表面上的相似性還不夠，必須再討論這些看來相類或相異的概念在某一理論中所佔的位置和所扮演的角色爲何。但這在W. A. Lessa 的分析却看不到。

<中國相人術的脈絡>一文主要是對於相人術在中國歷史脈絡下興起、發展的綜論。作者將中國相人術的發展分爲三期，分別是春秋戰國的快速發展期、從秦漢至唐的停滯期和宋以後相人術的現代期。作者從社會流動的角度推測相人術當在春秋戰國之際興起。漢代以後，社會流動却不再是促進相人術理論進步的動力。爲何如此，作者並沒有說明。但在《中國的相術》一書中，他曾提到漢代的選舉制度和魏晉以後門第社會的形成是降低社會流動的主要因素❸。而相人術理論的停滯可從韓愈、皮日休等人論相人術的文章中看出。作者所謂相人術理論停滯指的是陰陽五行的理論尚未用到相人術上。這樣的說法有待商榷。選舉依閥閱的現象和門第社會的日漸形成，都是東漢中期以後的事，西漢時期這一現象尚不明顯。至於將陰陽五行用於看相，漢代的王符便已論及：

　　　人身體形貌皆有象類，骨法角肉各有分部，以著性命之期，顯貴賤之表。一人之身，而五行八卦之氣具焉。……此

賢人之所察，紀往以知來，而著為憲則也。❸

以五行理論相人氣色也見於敦煌相書殘卷❸。若依W．A．Lessa
的標準，這時期的相人術不能算是處於停滯期。W．A．Lessa
認為此時相人術停滯的原因，除了上面所提及的社會流動因素外
，還因為這時期中國的思想界的發展趨於停滯，儒家成為獨佔的
意識型態，而理性的儒家學者對於相人術多抱懷疑的態度。唯一
可謂新思想的是佛教。但佛教出世的導向，無法促進相人術的發
展。道教則忙於追求長生，對於相人術的發展沒有什麼幫助❸。
且不說W．A．Lessa 謂這時中國思想界趨於停滯本就是相當有
問題的說法，筆者在此只想談儒家學者和道教與相人術間的關係
。儒家學者是否對相人術都有排斥感，恐怕和時代有關，不可一
概而論；尤其是漢代學者對於相人術所持的態度是相當曖昧的。
這在第五章還會論及。至於道教和相人術的淵源從一些例證便可
說明W．A．Lessa 的說法也相當有問題。著《相經序》的陶弘
景是南朝梁時的道教大師❸，編著《麻衣相法》的陳摶是道士，
相傳為唐任逍遙得之於太白山月波洞的《月波洞中記》也和道教
有密切的關係❹，W．A．Lessa 所舉《金瓶梅》中的善相者也
是道士❹，足見相人術和道教的關係相當密切❹。

　　W．A．Lessa 認為相人術的發展和社會流動有密切關係，
但是筆者覺得W．A．Lessa 對此的分析亦嫌不夠。社會流動是
個很複雜的概念❹，在不同的社會結構會有不同社會流動的形態
；對於不同的群體，其面對社會流動的手段與方法亦不盡相同。
那麼，相人術便可能對於不同時段、不同社會結構、不同群體的

人而有不同的意義。舉例而言，對於已爬到了社會流動頂端的皇帝，相人術已不在消除其社會流動的焦慮，這時相人術扮演了什麼角色？像這樣的問題，必須對於歷史材料作較細密的分析，才能得到解答。在本文的分析中，仍假設了社會流動是相人術發展的重要因素，從史料中對於其中的複雜性做更詳細的解析。W. A. Lessa 所指的社會流動，主要是縱的社會流動。本文所指的社會流動亦沿襲其用法，不再另加說明。

第三節　各章大要

　　本文大體從漢代相人術的內容和看相行爲中的各角色來分析漢代的相人術。漢代是我國相人術發展上的重要階段，那麼，漢人建構相人術的基本概念爲何？相人術在當時知識系譜中又佔據了什麼樣的位置？本文的第三章主要便是處理這些問題。看相行爲中的角色可分爲被相者、看相者。從行爲者的角度來看，被相者的心理動機是瞭解相人術運作不可或缺的一環。然而在有關的史料中，求相者心理動機的記載實在太少，因此本文不擬對這個問題多加深論。但是被相者可以當作一社會現象來處理。尤其史料中的記載多集中在特定的社會階層時，更可使吾人從體相的角度了解漢人對這些特定的社會階層（尤其是統治階層）有何看法。這便是本文第四章的論題。從看相者的立場而言，看相者的社群組織爲何？他們的社會地位爲何？他們在漢代社會中所扮演的角色和擔任的功能爲何？漢人對於相人術持何態度？漢代學者又如何看待相人術？這些是本文第五章所試圖解答的問題。由於相

人術在春秋戰國時代便已存在，因此本文第二章便以此爲討論的起點。第一章則處理相人術的名義問題，並對前人之研究成果加以檢討。相人術雖有許多不同的功能（詳第五章），但史料中的記載相人術多與社會流動有關，因此，相人術和社會流動間的關係仍是本文分析的主脈。

註　釋

❶ 《荀子集解》，＜非相＞（台北：台灣時代書局，1975），頁
　46。

❷ 《荀子集解》，＜非相＞，頁460。

❸ 楊伯峻：《春秋左傳注》，＜文公元年＞（台北：源流出版社，
　1982），頁510。

❹ 《春秋左傳注》，＜定公十五年＞，頁1600-1。本文暫稱春秋
　戰國之際之人物考察爲「觀人」。

❺ 相牛、相馬、相豬，見《史記會注考證》，＜日者列傳＞（台北
　：洪氏出版社，1977），頁1337。另外相狗又見《莊子集釋
　》，＜徐无鬼＞（台北：河洛圖書出版社，1974），頁819；
　《呂氏春秋集解》，＜士容＞（台北：華正書局，1985），頁
　1689-90。相馬又見《莊子集解》，＜徐无鬼＞，頁819；《
　呂氏春秋集解》，＜觀表＞，頁1414；《韓非子集解》，＜說
　林＞·下（台北：河洛圖書出版社，1974），頁448、453
　；《後漢書》，＜馬援傳＞（台北：鼎文書局，1979），頁
　840-1。相劍見《呂氏春秋集解》，＜疑似＞，頁1479；＜別
　類＞，頁1642。《韓非子集解》，＜說林＞上，頁438。相雞
　狗見《荀子集解》，＜儒效＞，頁79。又《魏氏春秋》云：「
　漢世有《相印》、《相笏經》，又有《鷹經》、《牛經》、《馬
　經》等書。」（見《三國志》，＜曹爽傳注＞引〔台北：鼎文書
　局，1979〕，頁304。）近年出土之漢代文物亦多有各類相書
　的殘卷。如：《相狗經》見吳九龍：《銀雀山漢簡釋文》（北京
　：文物出版社，1985），頁17、18、20、22、25、30
　、63、109、185、194；《相馬經》見馬王堆漢墓帛書

整理小組：＜馬王堆漢墓帛書≪相馬經≫釋文＞，≪文物≫，
1977，第八期，頁17-22；≪相刀劍冊≫見薛英群：＜居延漢
官文書選釋＞下，甘肅省社會科學院：≪社會科學學報≫，1986
-5），頁118-9。

❻　≪三國志≫，＜魏書・方技傳＞，頁809－10。

❼　≪荀子集解≫，＜非相＞，頁46。

❽　≪荀子集解≫，＜非相＞，頁49-50。

❾　如≪隋書≫＜經籍志＞名家中收有≪人物志≫三卷、≪士緯新書
≫十卷、≪姚氏新書≫二卷、≪九州人士論≫一卷、≪通古人論
≫一卷等人倫鑒識之書，而子部五行類則收有≪相書≫四十六卷
、≪相經要錄≫二卷、≪相書≫十一卷、≪樊、許、唐氏武王相
書≫一卷、≪雜相書≫九卷、≪相書圖≫七卷等相書。後世有關
人倫鑒識之書和相書之分類，大體和≪隋書≫＜經籍志＞相同。
見≪隋書≫，＜經籍志＞（台北：鼎文書局，1983），頁1004
，1038-9。

❿　≪太平御覽≫，冊二，＜目錄＞，人事部上，知人、品藻（京都
：中文出版社，1980），頁12；冊三，＜目錄＞，　方術部，
相，頁11。

⓫　朱佑曾：≪逸周書集訓校釋≫，＜官人第五十八＞（台北：商務
印書館，1971），頁107-10。王聘珍：≪大戴記解詁≫，卷
十，＜文王官人＞（台北：世界書局，1966），頁1上－9上
。≪太公兵法太公六韜≫，＜太公六韜・選將＞（台北：夏學社
，1981），頁116-9。≪呂氏春秋校釋≫，＜論人＞，頁160
。

⓬　≪後漢書≫，＜郭泰傳＞，頁2227。原文見本書頁138，註❸
。

⓭　將魏、晉以前的看相稱爲「相人術」者不止筆者，馬非白先生在

他所編的≪秦集史≫中亦使用這個名詞。一位自稱鬼谷子傳人的
現代星命學家陳英略先生，在追溯看相的歷史時，亦將魏晉之前
的看相之法稱爲「相人」。其特點在於「觀人容貌而斷其命運之
否泰」。見馬非白：≪秦集史≫（台北：弘文館出版社，1986
），頁726-7；陳英略：≪鬼谷子相人才秘訣≫（台北：鬼谷子
先師紀念堂，1984），頁1。

⑭ 李約瑟（ Joseph Needham）在討論中國的科學與文明時曾提及
相人術和手相，但並未對之加以仔細的分析。余英時在討論人倫
鑒識時亦曾言及相人術與人倫鑒識間之差異。由於其所論不在相
人術的歷史發展，因此本文亦不加以論列。（見李約瑟著，杜維
運譯：≪中國之科學與文明≫，第三冊〔台北：商務印書館，
1973〕，頁30-1；余英時：＜漢晉之際士之新自覺與新思潮
＞，收入≪中國知識階層史論——古代篇≫〔台北：聯經出版事
業公司，1980〕，頁238-41。

⑮ W. A. Lessa, " *The Context of Chinese Body Divination*
" , in Mario　Zomora, et al（ eds. ）, *Themes in*
Culture, Manila: Kayumnggi Publishers. 1971. pp.85-95.

⑯ W. A. Lessa, " *Somatomancy : Precursor of the Science*
of Human Constitution ", in W. A. Lessa and E. Vogt
（ eds. ）, *Reader in Comparative Religion*, 2nd ed.
Evanston, Ill.: Row, Petersen, 1965. pp.352-63.

⑰ 「相術」一詞乃W. A. Lessa爲body divination 所作的翻譯。
見氏著 *Chinese Body Divination*, Los Angeles : United
World. 1968. p.7. 至於作者寫作*The Context of Chinese*
Body Divination 一文的動機見該書頁205-6。

⑱ 季羨林：＜三國兩晉南北朝正史里的印度傳說＞，收入氏著：≪
中印文化關係史論叢≫（北京：人民出版社，1957），頁87-

94 。

⑲ W. A. Lessa, *The Context of Chinese Body Divination*, p.174.

⑳ W. A. Lessa, *Chinese Body Divination*, pp.7-9.

㉑ 黃永武主編：≪敦煌寶藏≫，冊一二八，伯3390（台北：新文豐出版公司，1986），頁134-9。

㉒ ≪神相彙編≫一書乃清人高味卿所輯，出版於1843年。這本書筆者在各圖書館中遍尋不著。

㉓ W. A. Lessa, *Chinese Body Divination*, p.188. *The Context of Chinese Body Divination*, pp.88-90.

㉔ 人類學在處理中國歷史中的家族時便已注意到這些問題。見 Waston, James L., *"Anthropological Overview: The Development of Chinese Descent Groups"* 收入：Ebrey, Patricia Buckley and Waston, James L., ed, *Kinship Organization in Late Imperial China : 1000-1940.* California. Berkeley Univ. Press. 1986. p.276。 又見 Ebrey 為該書所寫的導言，頁2-4，6。

㉕ 王朗：≪相論≫，收入嚴可均校輯：≪全三代兩漢三國六朝文≫（京都：中文出版社，1981），頁1175。

㉖ 洪邁：≪夷堅志≫（台北：明文出版社，1982），頁573-4，582-3，1141，1300，1310-1等。細檢這些資料可以發現它們記的都是士人。

㉗ Lessa, Chinese Body Divination, p.187.

㉘ Ibid. pp.175-6. 206.

㉙ Ibid. p.172.

㉚ 關於中國近年來在漢代以前考古研究的成果可見中國社會科學院考古研究所編：≪新中國的考古發現和研究≫（北京：文物出版

社，1984），頁33-158。 有關中、西透過中亞的交通見邢
義田：<漢代中國與羅馬關係的再省察——拉西克著「羅馬東方
貿易新探」讀記>，《漢學研究》，第三卷，第一期，1985，
頁331-41。

㉛ 王叔岷：《劉子集證》，<命相>（台北：台聯國風出版社，
1961初版，1975再版），頁141-3。

㉜ 有關西方相人術與占星術的結合方式見Lessa, Chinese Body
Divination, p.150-63.又作者在頁148，仍秉持著其一源傳
播論的立場，認爲中國的占星術亦是從西方傳來。

㉝ 《宋史》，<藝文志>，<子部・五行類>（台北：鼎文書局，
1980），頁5258。

㉞ 《神相全編》，卷二，<五星六曜說>，頁17-8；<五星六曜
決斷詩>，頁18-22。

㉟ Lessa, *Chinese Body Divination*, p.183-5.

㊱ 王符：《潛夫論箋》，<相列>，頁308-9。

㊲ 《敦煌寶藏》，冊一二八，伯3390，頁134-9。

㊳ W. A. Lessa, *The Context of Chinese Body Divina-
tion*, pp.89-90.有關道教和出世宗教無法促進相人術的發展
的說法見於*Chinese Body Divination*, pp.188，198-9.

㊴ 陶弘景：《相經序》，收入嚴可均校輯：《全三代兩漢三國六朝
文》，頁3219。

㊵ 有關《月波洞中記》的來歷，見該書的序。（《月波洞中記》〔
台北：老古文化事業公司，1983〕，頁1-2。）

㊶ 《眞本金瓶梅詞話》，第二十九囘（台北：大元文化事業公司，
無出版日期），頁428。

㊷ 筆者曾就此問題請教李豐楙先生，他認爲道教對於方術傳統頗有
整合之功，道教和方術之間的關係尚是有待開發的領域。

㊸ 有關社會流動的概念，見Melvin M. Tumin, *Social Stra-tification : the Forms and Functions of Inequality,* New Jersey. Prentice-Hall, Inc., 2 nd. 1985. pp. 132-5.

第二章　漢以前相人術的發展

本章討論相人術在漢代以前的發展。荀子曰：「相人，古之人無有也。」似乎相人術的出現距荀子的時代不遠。今日所能見到有關相人術的記載最早可以追溯到春秋時代，因此本文便以春秋時代為始點。

春秋戰國之際社會結構重新調整，社會流動大量增加❶。對於原先掌權的封建貴族❷，必須力爭上游才能保住原有的地位。此時如何選擇合宜的繼承人，以引領其家族通過生存的試鍊，成為重要問題；而相人術便是可資參考的依據之一。另外，在尚賢養士的風氣下，列國君主對於那些想往上爬昇的人必須有徵選的標準。除了在第一章所討論的觀人專著外，相人術也可以適應這方面的要求。對於社會上的「新興集團」❸，他們要能為人所用，靠的是知識。但在此時，放棄「家人生產事業」去求學，代價却十分高昂。尤其在讀書多年，却一事無成的情況下，更使人感到挫折❹。此時相人術能為這些失意人提供安慰，鼓舞他們向前邁進。本章便從春秋戰國時，社會流動增加的社會背景，討論相人術的發展。

第一節　繼承與相

透過繼嗣的選擇，相人術與春秋時代貴族的權力興衰相繫連

。《左傳》文公元年：

> 王使內史叔服來會葬。公孫敖聞其能相人也，見其二子馬
> 。叔服曰：「穀也食子，難也收子。穀也豐下，必有後於
> 魯國。」

竹添光鴻曰：

> 相人之見于經典者是為始。❺

根據《周禮》的記載，王國中各種卜筮之法皆有專人職掌，却不
聞有專掌看相之官。《周禮》中內史之職事亦不含相人之吉凶❻
。由此可推斷當時王國中似無專掌看相之官，在王國常用的各種
卜筮中，看相似亦不佔重要地位。叔服之所以精於此道，亦似乎
只是個人的興趣。其次，公叔敖要求叔服相的人不是他，而是他
的兩個兒子——因為他想知道誰可以使他的家族繁昌。《左傳》
中還記載著另一件和叔服看相類似的例子：

> （韓）宣子遂如齊納幣。見子雅。子雅召子旗，使見宣子
> 。宣子曰：「非保家之主也，不臣。」見子尾。子尾見彊
> ，宣謂之如子旗。大夫多笑之，唯晏子信之，曰：「夫
> 子，君子也。君子有信，其有以知之矣。」❼

子雅召其子見韓宣子的用意何在雖不可知，但在見過子雅和子尾

的兒子後，韓宣子爲他們下了評論，而評論的主要內容仍在考察子雅、子尾之子能否繼承家業。可惜史書並沒有記載韓宣子論斷的憑據何在。不論如何，這一個案例也說明了家族命運是當時貴族相當在意的問題。相類的現象亦見於趙簡子：

> 姑布子卿見簡子，簡子遍召諸子相之。子卿曰：「無爲將軍者。」簡子曰：「趙氏其滅乎？」子卿曰：「吾嘗見一子於路，殆君之子也。」簡子召子毋卹。毋卹至，則子卿起曰：「此眞將軍矣！」簡子曰：「此其母賤，翟婢也，奚道貴哉？」子卿曰：「天所授，雖賤必貴。」自是之後，簡子盡召諸子與語，毋卹最賢。簡子乃告諸子曰：「吾藏寶符於常山上，先得者賞。」諸子馳之常山上，求，無所得。毋卹還，曰：「已得符矣。」簡子曰：「奏之。」毋卹曰：「從常山上臨代，代可取也。」簡子於是知毋卹果賢，乃廢太子伯魯，而以毋卹爲太子。❽

當姑布子卿遍相趙簡子的兒子，却未發現一位能繼承他的地位的人選時，簡子的反應是憂心忡忡地嘆道：「趙氏其滅乎？」與公孫敖一樣，趙簡子希望能經由看相和「智力測驗」得知諸子孰賢。還好從庶子中他找到了後來與韓、魏分晉的趙襄子，使他的家族在強敵環伺下又延續了二百多年。

就在叔服訪問魯國的同一年，楚國發生了一件和看相有關的亂事：

> 初，楚子將以商臣為大子，訪諸令尹子上。子上曰：「君
> 之齒未也，而又多愛，楚國之舉，恒在小者。且是人也，
> 蠭目而豺聲，忍人也，不可立也。」弗聽。既，又欲立王
> 子職，而黜大子商臣。……冬十月，（商臣）以宮甲圍成
> 王。……王縊。 ❾

子上根據商臣的相，認為他不是國君的適當人選。然而楚王猶豫
不決，原來可以避免的禍端，結果還是成了以子弒父的慘劇。且
子上似乎亦因此而丟了性命❿。在這一次事件中，相人術所扮演
的角色依然是用於判斷繼承人之合適與否。另一件與看相有關的
亂事亦發生在楚國，而禍事降臨的對象則是子上一族。

> 初，楚司馬子良生子越椒。子文曰：「必殺之。是子也，
> 熊虎之狀而豺狼之聲。弗殺，必滅若敖氏矣。諺曰：『狼
> 子野心。』是乃狼也，其可畜乎？」子良不可。子文以為
> 大慼。及將死，聚其族，曰：「椒也知政，乃速行，無及
> 於難。」且泣曰：「鬼猶求食，若敖氏之鬼不其餒而。」
> ……秋七月戊戌，楚子與若敖氏戰于皋滸……遂滅若敖氏
> 。 ⓫

令尹子文的反應與趙簡子頗為相似。當他從聲音形貌窺知即將出
現一位為害其家族的繼承人，而他偏又無法阻止，直到死前，他
對這件事仍耿耿於懷。他傷心地泣道：「若敖氏之鬼不其餒而。
」他擔心的是若敖氏恐將遭到族滅的命運。狼子野心的說法，似

乎是散佈相當廣的諺語。相同的看法也發生在晉國：

> 初，叔向欲娶於申公巫臣氏，其母欲娶其黨。叔向曰：「吾母多而庶鮮，吾憩舅氏矣。」其母曰：「子靈之妻殺三夫，一君、一子，而亡一國、兩卿矣，可無憩乎？吾聞之：『甚美必有甚惡。』……叔向懼，不敢取。平公強使取之，生伯石。伯石始生，子容之母走謁諸姑，曰：「長叔姒生男。」姑視之。及堂，聞其聲而還，曰：「是豺狼之聲也。狼子野心。非是，莫喪羊舌氏矣。」遂弗視。❷

這件事在《國語》記載得更詳細：

> 叔魚生，其母視之，曰：「是虎目而豕喙，鳶肩而牛腹，谿壑可盈，是不可饜也，必以賄死。」遂不視。楊食我生，叔向之母聞之，往。及堂，聞其號也。乃還。曰：「其聲，豺狼之聲。終滅羊舌氏之宗者，必是子也。」❸

吾人已無法確知「狼子野心」這句諺語和當時「相人」的關係。這很可能只是當時流行的一句俗語而已，而不是當時「相人」的原則。但是豺狼之聲被視爲惡相的觀念卻成爲後來相人術的原則之一。如尉繚之相秦始皇、待詔之相王莽便是 ❸。這三個案例借著「豺狼之聲」點出所觀察對象的性格。對於「狼子野心」之人的具體品格，《國語》中有詳細的記載：

子高曰：「……其為人也，展而不信，愛而不仁，詐而不智，毅而不勇，直而不衷，周而不淑。復言而不謀身，展也；愛而不謀長，不仁也；以謀蓋人，詐也；彊忍犯義，毅也；直而顧，不衷也；周言棄德，不淑也。是六德者，皆有其華而不實者也，將焉用之？……人有言曰：『狼子野心，怨賊之人也。』」 ⓯

「狼子野心」一語似乎是罵人的話，但却是把人的惡行和其聲音、形相連想在一起。尤有進者，這種關係居然在嬰兒初生之時便已存在，可直接從嬰孩之聲音形容預知其將來 ⓰。這三個案例仍然圍繞著繼承人和家族命運而談。從這幾個案例看來，相人術似乎是當時掌權的貴族用以判斷其繼承者是否合宜的一種辦法。

根據上述的分析，可以得到兩個結論：一、春秋時代的相人術不在王官的職掌之內。荀子謂：「相人，古之人無有也。」或許可以從這個角度去了解。這與人類學家的結論亦相吻合。據 W. A. Lessa 的研究，文明世界中的各種占法大抵皆可在原始部落中找到其源頭，唯獨看相例外。看相曾普遍存在於世界各大文明，但却不曾在原始部落中發現。相人術的出現似乎與特定的社會、心理因素有關 ⓱。其次，春秋時代的相人術是封建貴族用以判斷繼承人是否合宜的方式之一。以下即就春秋時代的繼承，檢討相人術在當時用於擇嗣所顯示的意義。

王國維先生在比較殷、周制度時指出：周的繼統法較殷穩定，較少權力轉移上的困擾。殷人以弟及為主，而子繼為輔，無弟而後傳子；周人則以傳子為主，明分嫡庶，以嫡長繼承 ⓲。瞿同

祖先生對封建時代繼承法的討論，亦大致沿襲了王國維先生的意見，且做了更詳細的舖陳⑲。他們立論的依據主要是《公羊傳》＜隱公元年＞：「立適以長不以賢，立子以貴不以長。」公羊家的說法尚可在其他文獻上獲得印證：

(1) 《國語》＜周語＞上：周宣王欲立魯武公之少子，樊仲山父諫曰：「夫下事上，少事長，所以為順也。今天子立諸侯而建其少，是敎逆也。」

(2) 《左傳》＜文公七年＞：晉襄公卒，趙宣子欲立長君。穆嬴日抱大子以啼于朝，曰：「先君何罪？其嗣何罪？舍適嗣不立，而外求長君，將焉寘此？」
穆嬴以大子為嫡嗣之身分要求繼承權，趙盾一來拗不過她，一來畏懼其他支持穆嬴的貴族施加壓力，只好打消立長君的計畫。晉靈公雖少，但因他是嫡子，所以他的母親方能提出繼承權的要求。

(3) 《左傳》＜文公十八年＞：襄仲殺長妃齊姜之子惡及視。齊姜歸於齊。將行，哭而過市，曰：「天乎！仲為不道，殺嫡立庶。」
殺嫡立庶被視為不道，正可反襯嫡子在法理上的繼承地位。

(4) 《左傳》＜襄公三十一年＞：穆叔不欲立魯昭公，因謂：「大子死，有母弟，則立之；無，則立長。年鈞擇賢，義鈞則卜，古之道也。」
此文討論繼承時的各種狀況。叔孫豹所強調的仍是嫡

長在法理上的權利，且宣稱此乃自古以來的傳統。

(5) 《左傳》＜昭公二十六年＞：楚平王卒。令尹子常欲
立子西，……子西怒曰：「……王有適嗣，不可亂也
。」

子西不止不欲立，甚至以爲子常敗亂嫡長繼統的常法
，所以才如此憤慨。

又，同年周敬王返成周，逐王子朝。王子朝乃布告諸
侯，主張自己的繼承權：「昔先王之命曰：『王后無
適，則擇長。年鈞以德，德鈞以卜。王不立愛，公卿
無私。』」

儘管叔孫豹與王子朝他們說話時都有用意，且當時的狀況亦都與
立嫡無關，然而二人都道出嫡子在繼承上的優先權。何休在注《
公羊傳》時更詳細說明了繼承權的順位：

嫡夫人無子，立右媵。右媵無子，立左媵。左媵無子，立
嫡姪娣。嫡姪娣無子，立右媵姪娣。右媵姪娣無子，立左
媵姪娣……所以防愛爭也。❷⓪

何休明白地指出，要安排這麼一套複雜的順位主要是爲了防止因
愛爭立。然而我們不免要問，如果繼承的安排都像何休所描述的
一樣，在出生時由誰來繼承便已決定，何以相人術會在擇嗣中扮
演一個角色？且趙簡子甚至可因相的理由而輕易地廢嫡立庶。回
答這個問題需要討論當時繼承實際施行的狀況。

　　儘管嫡長子的優先繼承權常爲春秋時代的人及後來的經學家所強調，但是這一以出生來決定繼承的制度似乎未曾爲列國所普遍接受。以宋國爲例，宋宣公讓位於其弟時猶謂：「父死子繼，兄死弟及，天下通義也。」❸弟及與子繼皆合於常規。但是宋自立國以來除微仲、煬公以弟及外多以子繼。在子繼已實施數百年之久，而宋宣公猶有此語，正可說明嫡長制並非深入人心的繼承理論。然此或可謂宋乃殷後，猶存殷人兄終弟及之傳統。南方的楚似亦不守嫡長繼承制。前引《左傳》＜文公元年＞，令尹子上便告訴楚成王：「楚國之舉，恒在少者。」不一定非立長子不可。晉國的叔向在談到楚的繼承制度亦云：「羋姓有亂，必季實立，楚之常也。」❷即令保存周禮最多的魯亦不守嫡長制。魯莊公病，問嗣於叔牙，叔牙曰：「一繼一及魯之常也。」揆諸《史記》＜魯世家＞中所記載魯國的系譜，其繼承方式果如叔牙所言❸。既然嫡長制不是封建時代繼承之常法，那麼當時權力轉移究竟如何運作？對於這個問題，杜正勝先生最近的研究提出了頗具啓發性的看法。他認爲「立」才是決定繼承權誰屬的關鍵。所謂「立」乃是向其他貴族公開宣布法定繼承人的儀式。由於獲得其他貴族的肯定，繼承人的地位因而更加穩固❷。只要是通過這項儀式的人便成爲繼嗣，與其出生順序無關。即令是嫡長子，如果未經此儀式，仍然不能成爲法定繼承人❷。杜先生的看法也可在前人的注疏得到佐證。《春秋經》＜魯桓公六年＞：「九月丁卯，子同生。」這一對雙胞胎雖同是魯桓之嫡夫人所生，但《經》並未稱「太子」。杜預對這件的解釋顯示「太子」的地位得自樹立的儀式。他說：

唯子同是適夫人之長子，備用大子之禮，故史書之於策。
不稱太子者，書始生也。

孔穎達對此注的疏說得更加明白：

古人之立大子，其禮雖則無文，蓋亦待其長大特加禮命，
如今之臨軒策拜。始生之時未得即為大子也。 ㊴

據杜、孔兩位註家的意見，太子之稱號必得自於正式的策封典禮
，不是一出生便決定。《白虎通》云：「王者太子亦稱士，何？
舉從下升，以為人無生得貴者，莫不由士起。是以舜時稱為天子
，必先試于士禮。《士冠經》曰：『天子之元子，士也。』」 ㉗
是太子未得位之前仍只是士而已；必待「立」，其太子地位才確
定。是以臧紇為季武子立悼子，而以士禮待公鉏，一場政治權力
的轉移便兵不血刃地完成了 ㉘。這一制度使得君父掌握了選定嗣
君的大權。《左傳》＜閔公二年＞，晉獻公欲以太子申生伐皐落
氏。里克見獻公此舉頗有廢立之意，乃進諫獻公。公曰：「寡人
有子，不知其誰立焉！」又，《左傳》＜襄公十九年＞，齊靈公
欲廢太子光，仲子諫。公曰：「在我而已。」 ㉙ 燕簡公甚至有權
立其寵人 ㉚。在這種情況下，申無宇才會說：「擇子莫如父。」
㉛ 趙簡子也才能輕易地更換太子。君父為了幫助其寵子繼位，除
了樹立儀式外，通常還會採取其他措施。如晉獻公無所不用其極
地明示或暗示他的廢立之意 ㉜，齊靈公之出太子光 ㉝，齊景公之
逐諸公子，遷之萊 ㉞，都是君父為其中意之繼承人所預作的安排

。既然繼承權操之於君父，身為侯選人的子嗣們最重要的是得君父的寵信。得寵之子便常是未來的繼承人。晉獻公之廢申生，立奚齊，齊桓公之立無詭，齊靈公之立子牙，齊景公之立荼，季武子之立悼子，都是有名的例子。或許正因為春秋時代常有廢立之事，經學家才會想將嫡長子身分定為繼承的先要條件。

　　母親在繼承的過程中也常扮演著重要的角色——因為兒子獲寵常是因為母親的緣故。當賈季和趙孟商量為晉立長君時，賈季主張立公子樂，便是以其母是君的寵人為由❸。母親如果是君父的寵姬，光憑枕邊私語便足以決定權輿誰屬。像驪姬這般厲害的女人，太子申生除了造反外，恐怕是沒有其他的生路了❻。母親在繼承上所扮演的角色尚與其母家的實力有關。母家的力量常是在嗣子幼弱時保障其地位的鐵衛。《左傳》〈桓公十二年〉，鄭莊公卒，莊公雖命其寵臣祭仲立昭公。然而莊公之另一妻妾雍姞却是宋國有勢力的宗族之女。最後宋莊公出面誘執祭仲，逼他立鄭厲公。母家勢力對繼承之影響之大，於此可見。楚平王死後，令尹子常認為太子壬弱，欲為國立平王之長庶子西。子西推辭不就。他所持的其中一個理由是「國有外援，不可瀆也」。太子雖然幼小，但其母方則是有相當實力的秦，豈可輕易開罪❸？母親的地位與其子之地位亦有密切的關係。趙孟反對立公子樂的理由之一便是因為其母辰嬴班次太低，恐其子因此而無威❸。齊景公為了立其嬖子，不但請了當時齊國最有實力的兩位大族的族長為顧命大臣，且不惜逐群公子於萊。然而由於其寵姬芮子賤，母家無力保駕，國人輕之，景公死後不久她和她的兒子便下台了❹。由於母家的力量有這麼大的影響，趙簡子才會因母邮母賤而猶豫

廢立之事。看來公羊家謂「子以母貴」❹，是有道理的。

除了母親的因素外，其他貴族的支持也十分重要。立子時要有貴族參與，日後一旦有變，這些與盟的貴族便有義務支持繼承者。齊桓公託其嗣子與宋襄公。後來桓公又改立嗣子。他死後，繼承問題爲齊惹來了一場亂事。宋襄公因受人之託，乃出兵平齊亂❹。田乞爲了使其他貴族支持他所欲立的陽生，不惜詐騙其他貴族參與他一手設計的樹立典禮❹。這也是因爲一旦參與了樹立繼承人的儀式，他便有替繼承人撐腰的義務。爲了使嗣子的地位更加穩固，君父在立子時常找有力的貴族輔佐其嗣子。晉獻公使荀息傅奚齊，齊靈公使高厚傅子牙，魯莊公使季友立子斑，齊景公使國惠子、高昭子立荼，皆是顯例。在繼承人都有人撐腰的情況，那便是比權量力的時候了。晉襄公死後，晉人因國家正值多事之秋，欲立長君。趙盾與賈季商量誰比較適當，最後決定立公子雍——原因是公子雍有秦的支持，而公子樂却只有陳的支持❹。這件事後來雖因穆嬴而壞事，但由此也可看出貴族們的支持有多重要了。貴族的支持可以許多方式取得；婚姻便是其一。鄭太子忽助齊打敗北戎，齊人欲以女妻之。太子辭以「齊大非偶」，祭仲却勸他：「必取之。君多內寵，子無大援，將不立。三公子皆君也。」後來在缺乏外援的情況下，宋國硬是逼著祭仲把昭公（即太子忽）拉下台。鄭昭公便是未乘婚姻的機會結交外援，而落得下台的後果❹。「傅」的關係也是取得貴族支持的手段之一。「傅」的角色，在後來的經、史中，多扮演著教化的角色；漢代甚至多以儒臣擔任。但在春秋時代「傅」常是君王信任的臣子，而其功能則在於爲君王的繼承人撐腰。如晉獻公使荀息傅奚齊

，而荀息死之❹；齊靈公使高厚、夙沙衞傅公子牙❻。現實利益
當然也是討取其他貴族支持的方法。最明顯者莫如華督弑宋殤公
，而賄賂各國支持自己❼。另外在國家不安定時，國人也有立君
的力量。此見於《左傳》者有衞人立晉（隱公四年）、郕人立君
（文公十二年）、邾人立定公（文公十四年）、魯人立文伯（文
公十四年）、齊人立公子元（文公十八年）、六人立敬仲之曾孫
䰷（襄公二十九年）、衞人立遺（哀公十一年）。

　　以上的分析說明了，春秋時代的繼承制度不像經學家所講的
那麼單純，整個繼承過程充滿了不可逆料的因素。從立子的角度
看來，各種條件一應具全，順利登上寶座的人，除了說他鴻福齊
天外，還能有什麼合理的解釋？難怪姑布子卿會說：「天所授，
雖賤必貴。」姑布子卿的話尚可從超自然存在——天和鬼神——
和權位取得之關係來瞭解。周之先祖以小克大，以天命之說，證
其得位之正，一方面固有宣傳之意，但亦說明了天的福佑是權位
獲得的終極保障。晉文公出亡之時，叔詹謂：「天不靖晉國，殆
將啓之。」楚成王亦云：「天將興之，誰能廢之？」❽叔向將獲
得權位的諸條件說得更加明白，而獲神便居第一要件。他說：「
獲神，一也；有民，二也；令德，三也；寵貴，四也；居常，五
也。」❾在繼承無強有力規則可循的情況下，何人終能繼承難以
預知，於是人們企圖從天生的形體相貌進窺天意以選擇繼嗣❺⓿。

　　但是，當時的貴族從形貌來選擇繼承人究竟代表了什麼意義
？何以令尹子文與趙簡子會擔心無法找到合宜的繼承人而慘遭滅
族的命運？他們的心理必需從當時的歷史背景去了解。

　　春秋中後期以降，不僅諸侯間的攻伐愈演愈烈，同時各諸侯

國內部也發生大權旁落，公室日卑的現象。各國的巨室爲了爭奪政治上的領導權，展開激烈的火拚。失敗者，一夜之間，沈淪下潦；勝利者，威權日張，勢逼人主。《左傳》評史的君子對權位的重要有深刻的認識。他說：

> 位其不可不慎也乎！蔡、許之君，一失其位，不得列於諸侯，況其下乎！❺

春秋末年的兩位大賢論及當時天下大勢時，亦對當時貴族之失位感慨不已。魯昭公三年晏子爲了齊晉兩國的婚事出使晉國。在宴會上，叔向問道：

> 「齊其如何？」晏子曰：「此季世也。吾知齊其爲陳氏矣……箕伯、直柄、虞遂、伯戲、其相胡公、大姬已在齊矣。」

叔向頗有所感地答道：

> 「然。雖吾公室，今亦季世也……欒、郤、胥、原、狐、續、慶、伯，降在皂隸，政在家門……公室之卑其何日之有？」❺

巨室間鬥爭之激烈，可從近年出土的侯馬盟書略窺一斑。該盟書的盟主不是別人，正是前文所提及的趙簡子❺。該盟書記載了當

時晉國趙氏內部的一場大火併。捲入這次事件不止是趙氏一族，許多異姓的大家族亦被牽扯在內。被盟詛的對象多達九氏二十一家❺。與盟的人發誓，只要在路上遇見他們的共同敵人便格殺勿論❺。吾人可以想見在這麼大的生存競爭壓力下，如果缺乏強悍的領袖引領著宗人從事戰鬥，想要生存都有困難，更遑論保其權位了。難怪這位鬥爭經驗豐富的趙簡子會爲了他的接班人大傷腦筋。相人術的興起正好描繪了這段歷史的一個側面。藉著相人術的使用，貴族們所要找的繼承人不止是一位能幹的繼嗣，他們同時還盼望繼嗣能依憑福份，護佑全族的生存與地位。

找一位合適的繼承人以保有目前已有的權力，從社會流動的定義看來不能算有流動。但從叔向和晏子的對話可知，當時許多封建貴族趨於衰落。且從《侯馬盟書》中可以看到當時封建貴族間吞併之激烈，若下一代不爭氣，立刻沈淪不復。因此，封建貴族參考相人術來選擇繼承人，可以算是防止其勢力下降，並進一步擴張其勢力的一種手段。

第二節　知人與相

從上節薳臣、越椒、叔魚、楊食我等例子，可知從人的聲音形貌可以考察人的性行。當時便有人以此論人才性，以爲行政決策上的參考。魯成公十三年，成公將朝周天子。叔孫僑如請先使。其目的在於欲得周天子之賞賜。王孫說勸周簡王勿重賜叔孫僑如。王孫說謂叔孫雖強，但在魯國不得人心，魯人只是懼其勢，不得已才讓他當先遣。而叔孫僑如之不得人心，從他的狀貌便可

看出：

> 其狀方上而銳下，宜觸冒人。⑤

叔孫僑如便因王孫說這番話，喪失了受周王重賜的機會。相除了作爲行政決策的參考外，亦用以選拔人才：

> 陳豹欲爲子我臣，使公孫言己。……（公孫）曰：「有陳豹者，長而上僂，望視，事君子必得志，欲爲子臣。吾憚其爲人也，故緩以告。」（杜預注：「恐其多詐。」）子我曰：「何害，是其在我也。」⑤

公孫從陳豹的長相推知其爲人奸詐，勸子我勿用，但子我不聽。不料，陳豹竟是陳恆的手下，子我沒聽公孫的勸告而賠上了一條性命。這個例子是從人相貌知其不可用，而伍子胥則是因其相貌爲吳國的市吏所知，才有機會打入吳國的宮廷：

> 子胥之吳……吳市吏善相者見之，曰：「臣之相人多矣，未嘗見斯人也。非異國之亡臣乎？」乃白吳王僚，具陳其狀。王宜召之。王僚曰：「與之俱入。」公子光聞之私喜……陰欲養之。⑤

據說伍子胥的狀貌，「身長一丈，腰十圍，眉間一尺」，吳王僚一見而怪其偉狀，與之言而好之。後來，伍子胥却改事公子光，

利用公子光有謀簒之心，以遂行其爲父、兄復仇之計。伍子胥本人也會相人。刺殺吳王僚的勇士專諸便是他參人以相法找來的：

> 伍胥之亡楚如吳時遇之（專諸）於途。專諸方與人鬥，將就其敵。其怒有萬人之氣，甚不可當。其妻一呼卽還。子胥怪而問其狀……專諸曰：「夫屈一人之下，必伸萬人之上。」子胥因相其貌，碓顙而深目，虎膺而熊背，戾於從難。知其勇士，陰而結之，欲以為用。㊹

伍子胥從專諸的言行知其非尋常人物，且更進一步從其相貌上，見到專諸勇士之本質。到了養士之風大行的戰國時代，相亦成爲主人考察門下食客的方法之一。平原君趙勝自謂他善相士：

> 勝相士多者千人，寡者百數，自以為不失天下之士。㊿

平原君相士之法可於《史記》逸文中見之：

> 平原君對趙王曰：「澠池之會，臣察武安君之為人。小頭銳上，瞳子白黑分明，眡瞻不轉。小頭銳上，斷敢行也；瞳子白黑分明者，見事明也；眡瞻不轉者，執志彊也。可與持久，難與爭鋒。廉頗為人勇摯而愛士，知難而忍恥，與之野戰，則恐不如守足以當之。」王從其計。㊾

從這段記載中，可以看出容貌是平原君相士之準的之一。不過，

「以貌取人，失之子羽」，平原君也有失相之時。爲趙國立下大功的毛遂，平原君便沒相準，而使平原君自嘆「勝不敢復相士」⑯。這些以相知人的案例說明了，在春秋戰國之際，原來掌權的社會階層日漸凋零，社會中需要大量的人材。在上者一方面有用人的需求，一方面又必須要找到適當的人選。因此，相人之術便成爲徵拔人材的方式之一。

相人之法亦可助其臣下知其主上之性行。范蠡便曾以此勸文種功成身退。他說：

> 越王爲人長頸鳥喙，可與共患難，不可與共樂。子何不去？⑯

可惜文種已來不及脫身。另一件擇主而事的案例，還牽涉到廢立的問題。齊貌辨便勸齊威王時代最有權力的宰臣靖郭君勿擁立齊宣王。齊貌辨的理由是：

> 太子（即齊宣王）相不仁，過頤豕視。若是者信反。不若廢太子，更立衛姬嬰兒郊師。⑯

齊貌辨從相的觀點，勸靖郭君勿立齊宣王。靖郭君雖有擇主而事的機會，但終因不忍而作罷。尉繚亦因秦王（即秦始皇）相貌，知其「居約易出人下，得志亦輕食人」⑯，而萌生去意。但終因秦王固留，而爲秦國尉。居下位者能借相人術擇主，其原因之一是戰國時之君主、權貴爭相養士，良臣尚有擇主而事的自由。從東方朔對於士人境遇的描述可以看出這一點：

> 夫蘇秦、張儀之時，周室大壞，諸侯不朝，力政爭權，相
> 禽以兵，并為十二國，未有雌雄，得士者彊，失士者亡，
> ……今則不然。聖帝流德，天下震慴，諸侯賓服，連四海
> 之外以為帶，安於覆盂……動猶運之掌，賢不肖何以異哉
> ？……用之，則為虎；不用，則為鼠。雖欲盡節效情，安
> 知前後？⑮

東方朔認為在戰國時代，士人尚有擇主的自由；逮及統一的政權
建立後，士人只能在仕與不仕之間作撰擇了。

　　在上者用人任官可藉相而知人，在下者亦可用相來判斷其主
上是否值得賣命，這或許是戰國時代相人術大行其道的原因之一
⑯。或許因為以貌取人的風氣太盛了，才會使荀子起而駁斥相人
術。

第三節　相人術與社會流動

　　《莊子》中的一段寓言，與公孫敖請叔服相其子的例子頗相
類，但却可從中略窺世變推移之跡：

> 子綦有八子，陳諸前，召九方歅曰：「為我相吾子，孰為
> 祥。」九方歅曰：「梱也為祥。」子綦瞿然喜曰：「奚若
> 。」曰：「梱也將與國君同食以終其身。」子綦索然出涕
> 曰：「吾子何為以至於是極也？」九方歅曰：「夫與國君
> 同食，澤及三族，而況父母乎？今夫子聞之而泣，是禦福

也。子則祥矣，父則不祥。」子綦曰：「歖！汝何足以識之，而梱祥邪？盡於酒肉，入於鼻口矣。而何足以知其所自來？吾未嘗為牧，而牂生於奧；未嘗好田，而鶉生於宎。……今也然有世俗之償！凡有怪徵者，必有怪行，殆乎，非我與子之罪幾與之也！吾是以泣也。」……无幾何而使梱之於燕，盜得之於道。全而鬻之則難，不若刖之則易。於是乎刖而鬻之於齊，適當渠公之街，然身食肉而終。❺

子綦請九方歅相其子，以知孰祥。根據九方歅的意見，所謂祥者是其子能陪侍君王，而不是繼承子綦游於天地之間的逍遙。九方歅的看法代表了當時一般的世俗之見，視富貴權位為人生最重要的事情，能獲之為吉。在公孫敖的例子中，權位的獲得來自繼承，但在九方歅口中，權位却來自國君的拔擢。這一方面固然是「春秋時代在政治上具有決定地位的強宗巨室似乎絕跡於戰國政治」，一方面也是「戰國的君主變成了權力的惟一來源」❻，社會流動的管道操之於國君之手，國君成為權力予奪的決定者。

雖然在上者有心求士，在下者有心求仕，但並非雙方都剛好能配合得當。因此，懷才不遇，有志難伸者所在多有；孔子便是其中最著者。《史記》中鄭人相孔子之例，將孔子有心用世却不見遇的情態描寫得相當傳神：

孔子適鄭，與弟子相失。孔子獨立於郭門。鄭人或謂子貢曰：「東門有人，其顙似堯，其項類皋陶、其肩類子產，

然自要以下不及禹三寸。纍纍若喪家之狗。」子貢以實告
孔子，孔子欣然笑曰：「形狀末也，而謂似喪家之狗，然
哉！然哉！」❼

孔子認為鄭人以無人搭理的喪家之狗來形容他，頗為恰當。但《
韓詩外傳》的記載卻與此不同，且記載了這位鄭人的名字——他
正是為趙襄子（毋邮）看相的姑布子卿：

孔子出衛之東門，逆姑布子卿。曰：「二三子引車避，有
人將來。必相我者也，志之。」姑布子卿亦曰：「二三子
引車避，有聖人將來。」孔子下，步。姑布子卿迎而視之
五十步，從而望之五十步。顧子貢曰：「是何為者也？」
子貢曰：「賜之師也，所謂魯孔丘也。」姑布子卿曰：「
是魯孔丘歟！吾固聞之。」子貢曰：「賜之師何如？」姑
布子卿曰：「得堯之顙，舜之目，禹之頸，皋陶之喙。從
前視之，盎盎乎似有王者；從後視之，高肩弱脊，此惟不
及四聖者也。」子貢吁然。姑布子卿曰：「子何患焉。汗
面而不惡，葭喙而不藉，遠而望之，羸然若喪家之狗，子
何患焉！子何患焉！」子貢以告孔子。孔子無所辭，獨辭
喪家之狗耳，曰：「丘何敢乎？」子貢曰：「汗面而不惡
，葭喙而不藉，賜以知之矣。不知喪家狗，何足辭也？」
子曰：「賜，汝獨不見夫喪家之狗歟！既斂而椁，布器而
祭，顧望無人，意欲施之。上無明王，下無賢士方伯，王
道衰，政教失，強陵弱，眾暴寡，百姓縱心，莫之綱紀。

是人固以丘為欲當之者也，丘何敢乎！」❼

從文意上看來，孔子之辭喪家之狗似乎是在表明他沒有爲王之心。鄭人相孔子之事，道出了即使在春秋戰國之際，社會流動雖有增加，但也不見得有心用世之人皆能得其所哉。找人看相是這些在社會流動遇到挫折的人求得疏解的方式之一。蔡澤亦是一例：

蔡澤……游學干諸侯，小大甚衆。不遇，而從唐擧相。❼

相人術在這時所扮演的功能已不止是知人，而且也爲懷才不遇之士，提供慰藉。

第四節　小　結

本章討論了春秋以前相人術的發展。由於材料的限制，本章所論大抵是從社會流動的角度來看問題，但筆者絕無意謂相人術之用途僅止於此。

在春秋戰國政治社會的大變局中，相人術可爲封建貴族選擇繼嗣之參考，以便他們得以保持其原有的權位，而不會在貴族之間的激烈拚鬥中沈淪下潦，甚至還可因繼嗣之能力與福份而在爭權奪利的過程中脫穎而出。在當時尚賢養士的風氣下，相人術可爲國君權貴擇士之資；且在諸國並立的情況下，相人術亦可爲臣下擇主的參考。對於那些仕途不得意的人，相人術則成爲他們前途的指引，使他們在失意之餘能得到一點安慰，並鼓起再次努力

的勇氣。

　　漢以前相人術的資料不多，無法仔細考究其中的內容，但從漢代的相例和漢人對於相人術的討論中，倒可勾勒出漢代相法之梗概。下一章便討論這個問題。

註 釋

❶ 許倬雲：＜春秋戰國間的社會變動＞，收入氏著：《求古編》（台北：聯經出版事業公司，1982），頁 319-52。

❷ 此處所指的封建貴族，包括了許倬雲先生所謂的公子集團和卿大夫集團。僅管這兩個集團間的權力大小在春秋時期有所升降，但他們無疑是春秋時代主要的掌權者。關於這兩個集團見許倬雲：前引文，頁 321-6。

❸ 此處所指的新興集團，包括了許倬雲先生所謂的士集團和「新人」。見許倬雲：前引文，頁 326-9。

❹ 蘇秦、張儀在未飛黃騰達之前，爲親人所笑便是佳例。見《史記會注考證》，＜蘇秦列傳＞，頁 897；＜張儀列傳＞，頁 913。

❺ 竹添光鴻：《左傳會箋》（原名爲《左氏會箋》），卷八，＜文公元年＞（台北：鳳凰書局，1978），頁 2。

❻ 《周禮》（《十三經注疏》本），＜春官・內史＞（台北：藝文印書館，1979），頁 407-8。

❼ 《春秋左傳注》，＜昭公二年＞，頁 1228。

❽ 瀧川龜太郎：《史記會注考證》，＜趙世家＞，頁 690。

❾ 《春秋左傳注》，＜文公元年＞，頁 513-5。

❿ 《春秋左傳注》，＜僖公三十三年＞，頁 504。

⓫ 《春秋左傳注》，＜宣公四年＞，頁 679-82。

⓬ 《春秋左傳注》，＜昭公二十八年＞，頁 1492-3。

⓭ 《國語》，＜晉語＞八，頁 453。

⓮ 《史記會注考證》，＜秦始皇本紀＞，頁 114。《漢書》，＜王莽傳＞中，頁 4124。關於他們的相在第四章還會有較仔細的分析。

⑮ 《國語》，〈楚語〉下，頁584-7。

⑯ 如《神相全編》，卷九，〈管輅相嬰兒〉、〈相嬰兒貴賤〉，頁 20，21-2。

⑰ W. A. Lessa, *Somatomacy: Precursor of the Science of Human Constitution*, p.353.

⑱ 王國維：《觀堂集林》，卷十，〈殷周制度論〉（台北：世界書局，1970），頁454-8。

⑲ 瞿同祖：《中國封建社會》（台北：里仁書局，1984），頁170-7。

⑳ 《公羊傳》，〈隱公元年〉（台北：藝文出版社，1979），頁11。

㉑ 《史記會注考證》，〈宋世家〉，頁613。

㉒ 《春秋左傳注》，〈昭公十三年〉，頁1351。

㉓ 《史記會注考證》，〈魯世家〉，頁572-3。

㉔ 杜正勝：〈周代封建制度的社會結構〉，收入《中國上古史待定稿》，第三本（台北：中央研究院歷史語言研究所，1985），頁136-139。

㉕ 同上，頁136。

㉖ 《左傳》（《十三經注疏》本），頁109。又樹子典禮似乎要經周天子的認可才有效。〈桓公九年〉傳：「曹大子來朝，賓之以上卿，禮也。」杜注：「諸侯之適子，未誓於天子而攝其君，則以皮帛繼子男。」孔疏：「《釋例》曰：『周禮，諸侯之適子，誓於天子，則下其君禮一等；未誓，則以皮帛繼子男。』」在周天子前之誓命與否決定了繼承人被接待時所行之禮，這顯示了在周天子的力量尚存時，他是繼承人合法性之最後認可者。當然，在周天子已無力約束諸侯之時，他對於繼承問題也無力過問。（前引注疏之文見該書頁120。）

㉗ 《白虎通義疏證》，＜爵＞，頁 7 。

㉘ 《春秋左傳注》，＜襄公三年＞，頁 1623 。

㉙ 《春秋左傳注》，＜襄公十九年＞，頁 1048 。

㉚ 《春秋左傳注》，＜昭公三年＞，頁 1234 。

㉛ 《春秋左傳注》，＜昭公十一年＞，頁 1327 。

㉜ 《國語》，＜晉語＞一，頁 265 ， 272-4 ， 277-8 。

㉝ 《春秋左傳注》，＜襄公十九年＞，頁 1048 。

㉞ 《史記會注考證》，＜齊世家＞，頁 561 。

㉟ 《春秋左傳注》，＜文公六年＞，頁 551 。

㊱ 驪姬陷害太子申生之經過具見《史記會注考證》，＜晉世家＞，
頁 623-5 。

㊲ 《春秋左傳注》，＜昭公二十六年＞，頁 1474 。

㊳ 《春秋左傳注》，＜文公六年＞，頁 551 。

㊴ 《史記會注考證》，＜齊世家＞，頁 561-2 。

㊵ 《公羊傳》，＜隱公元年＞，頁 11 。瞿同祖先生懷疑子以母貴
的說法不確，恐亦有商榷的餘地。（瞿說見前引書，頁 176-7
。）

㊶ 《史記會注考證》，＜齊世家＞，頁 556-7 。

㊷ 《公羊傳》，＜哀公五年＞，頁 345-6 。

㊸ 《春秋左傳注》，＜文公六年＞，頁 550-1 。

㊹ 《春秋左傳注》，＜桓公十一年＞，頁 131-2 。

㊺ 《春秋左傳注》，＜僖公九年＞，頁 328-9 。

㊻ 《春秋左傳注》，＜襄公十九年＞，頁 1048 。

㊼ 《春秋左傳注》，＜桓公二年＞，頁 85 。

㊽ 《春秋左傳注》，＜僖公二十三年＞，頁 408-9 。

㊾ 《春秋左傳注》，＜昭公十三年＞，頁 1351-2 。

㊿ 進窺天意以選擇繼嗣的方法當然不止是相人術，如楚共王埋玉立

子之事便是一例。（見≪史記會注考證≫，＜楚世家＞，頁652
。）又，衞大夫石駘仲死後，以沐浴佩玉卜後，亦是一例。（見
孫希旦：≪禮記集解≫，＜檀弓＞下〔台北：文史哲出版社，
1976〕，頁251。）

❺❶ ≪春秋左傳注≫，＜成公二年＞，頁808。

❺❷ ≪春秋左傳注≫，＜昭公三年＞，頁1235-7。

❺❸ ≪侯馬盟書≫（台北：里仁出版社，1980），頁59-64。

❺❹ 同上，頁2。

❺❺ 同上，頁31-2。

❺❻ ≪國語≫，＜周語＞中，頁79。

❺❼ ≪春秋左傳注≫，＜哀公十四年＞，頁1683-4。

❺❽ 趙曄：≪吳越春秋≫，＜王僚使公子光傳＞，（台北：商務印書
館，1978），頁28-9。

❺❾ ≪吳越春秋≫，＜王僚使公子光傳＞，頁30-1。關於專諸的相
，今本≪吳越春秋≫的記載和≪史記索隱≫所引之≪吳越春秋≫
不同。≪史記索隱≫本作：「雄貌深目，侈口熊背。」（見≪史
記會注考證≫，＜吳太伯世家＞，頁543。）

❻❶ ≪史記會注考證≫，＜平原君列傳＞，頁957。

❻❶ ≪太平御覽≫，冊三，＜方術部・相＞上，頁3232。

❻❷ ≪史記會注考證≫，＜平原君列傳＞，頁957。

❻❸ ≪史記會注考證≫，＜越世家＞，頁668。

❻❹ ≪戰國策≫，＜齊策＞一（台北：里仁書局，1982），頁
310。此事亦見≪呂氏春秋集解≫，＜知士＞，頁490。

❻❺ ≪史記會注考證≫，＜秦始皇本紀＞，頁114。

❻❻ ≪漢書≫，＜東方朔傳＞，頁2865。揚雄亦有類似的話。（見
＜揚雄傳＞，頁3567-8。）

❻❼ 從容貌以知人並不一定要單獨使用，上一章筆者亦提及戰國時有

許多討論觀人的專文，當時知人或即二術參用。

㊾ 《莊子集釋》，〈徐无鬼〉，頁856-60。

㊿ 許倬雲：前引文，頁335-6。 又，〈戰國的統治機構與治術〉
，收入《求古編》，頁387-90。

⑦ 《史記會注考證》，〈孔子世家〉，頁752。

⑦ 《韓詩外傳》，卷九（《學津討原》本）（台北：新文豐出版公
司，1980 ），頁543。

⑦ 《史記會注考證》，〈蔡澤列傳〉，頁980。

第三章　漢代相人術略説

《漢書》<藝文志>不僅是一張分類表，它還對當時各種知
識系統作了學術史上的描述。由此可以看出漢人對於各種知識系
統分類的傳承與範疇的界定。本節即以此爲出發點，探討漢代相
人術在當時知識分類中所佔的位置爲何，進而由其中探尋漢人對
於相的概念；並對於漢代的相法加以推測；最後再討論與相人術
有關的一個概念——「聖人不相」。

第一節　漢人對「相」的概念
——從《山海經》的分類問題談起

漢代相人術之專著在《漢書》<藝文志>屬形法家。根據班
固的記載形法家的所關心問題爲：

> 形法者，大舉九州之勢以立城郭室舍形，人及六畜骨法之
> 度數、器物之形容以求其聲氣貴賤吉凶。❶

形法家所關心的問題是如何從萬物的表相占其貴賤吉凶❷。至於
其內容則包含了：

> 《山海經》十三篇。

《國朝》七卷。

《宮宅地形》二十卷。

《相人》二十四卷。

《相寶劍刀》二十卷。

《相六畜》三十八卷。

共計六家，百二十二卷。這張分類表中最有趣的是《山海經》一書的歸類。這本在我們今天看來是神話，明、清有人將之視爲小說，唐以降的人看來是地理書，在漢人看來竟屬於形法家，和各種「相書」同類（見附表 1）！難道是劉向他們搞錯了嗎？如果是這樣，何以在劉向以後那麼多參與校書的漢代學者不曾糾正？可見漢代學者大體承認了《山海經》分類的合理性。果眞如此，那麼《山海經》和相人術之書屬於同一分類範疇是否正傳達了漢人對「相」某種特殊的看法？以下謹就此分疏一二。

關於《漢書》＜藝文志＞的分類法恰當與否，歷來校讎學者亦有所論列❸。他們的觀點雖都有其合理性，但對於漢代學者爲何將《山海經》歸入形法家，仍沒有令人滿意的解答。

《漢書》＜藝文志＞將《山海經》放入形法家中，受到了許多學者詬病。章學誠云：「《山海經》與相人書爲類，＜漢志＞之授人口實處。」❹明代的焦竑也認爲《山海經》不當擺在形法家，因此他在編＜國史經籍志＞時，在＜糾繆＞一章將《山海經》改編在史部的地理中❺。章學誠贊同焦竑的看法。他並且進一步說到爲何《漢書》將《山海經》放在形法家：

焦竑以＜漢志＞《山海經》入形法家爲非，因改入於地理
，其言似矣。然＜漢志＞無地理專門，以故類例無所附耳
。……至地理與形法家言相爲經緯，說已見前，不復置論
。❻

根據章學誠的說法，《山海經》之所以入形法家，是因爲《漢書
》＜藝文志＞中並無地理一類。但若《山海經》是地理書，爲何
班固不另立地理類將《山海經》以及圖籍等類的書收入？《漢書
》中有＜地理志＞，顯然班固並非沒有「地理」這個概念範疇❼
。班固既有「地理」的概念，却沒有在＜藝文志＞另立地理類，
可能的解釋是他承襲了劉向他們所立的分類範疇，且承認了這一
分類架構的合理性。因此，對於《山海經》爲何要分在形法家，
必須另作解釋。章學誠可能也已注意到這個問題，因此，他更進
一步地討論到了地理和形法的關係：

地理形家之言，若主山川險易，關塞邊防，則與兵書形勢
之條相出入矣；若主陰陽虛旺，宅墓休咎，則與《尚書》
五行相出入矣。（十之六七）❽

依上文的說法，章學誠承認在＜藝文志＞的分類中，地理類的書
可以分在兵書或與堪輿有關的形法家之內。既然如此，＜藝文志
＞實無另立地理類之必要。若據此說，＜藝文志＞將《山海經》
劃爲形法家，則《山海經》當是主吉凶休咎之書，何以章學誠又
以疑似之口吻贊成焦竑將《山海經》劃歸地理類之說？這大概是

因為《山海經》中言地理形勢山川物產者多，言吉凶休咎者少吧。近代一位研究神話的學者沈雁冰（玄珠）先生也認為《山海經》是地理書，但他並沒有為＜藝文志＞的分類和後世不同所困擾。他說：

> 《山海經》在當時（漢代）被視為實用的地理書……自＜漢志＞以至＜隋志＞，中間五百多年，對於《山海經》的觀念沒有變更。自＜隋志＞以後又三百餘年，五代末劉昫撰《舊唐書》＜經籍志＞亦以《山海經》入地理類；其後北宋歐陽修撰《新唐書》＜藝文志＞，南宋王堯臣撰《崇文總目》，皆因依舊說。……大膽懷疑《山海經》不是地理書的，似乎明代的胡應麟可算是第一人。❾

他認為《漢書》＜藝文志＞雖將《山海經》放入形法家，但並沒有改變漢人將《山海經》視為「實用的地理書」的概念。但沈先生並沒有解釋何以地理書和相書擺在一起。

清代的畢沅雖認為《山海經》是地理書，但他對《山海經》之所以在形法家則提出別的解釋。他說：

> 據＜藝文志＞，《山海經》在形法家，本劉向《七略》。以有圖，故在形法家。❿

他認為是因為圖的關係，漢人才把《山海經》放入形法家。畢沅之說不無可商。第一、劉歆＜上《山海經》表＞中並沒有提到他

所校定的《山海經》是否附有圖。第二、如果《山海經》有附圖，那麼班固在《漢書》〈藝文志〉兵家有圖的都有自注標出，何以《山海經》未標出？第三、如果只以有圖爲由，那麼班固《山海經》更應將之放入兵家，而不應放入形法家。

上述的說法對於《山海經》何以歸入形法家都沒有提供令人滿意的解答，但將《山海經》視爲地理書的說法可爲吾人重新檢討這個問題的起點。因爲在漢人的觀念中確實是將《山海經》視爲記載山川風物之書。在漢人的觀念中，相傳《山海經》乃大禹、益所造。畢沅云：

> 自唐以前，劉秀奏、王充《論衡》、趙君《吳越春秋》皆以爲禹、益所著。❶

如果《山海經》是地理書，依當時的分法，確應像章學誠所說的將之放入兵書類——因爲當時地理和兵家有非常密切的關係。《管子》云：

> 凡兵主者，必先審知地圖。轘轅之險，濫車之水，名通谷經川，陵陸丘阜之所在，苴草林木蒲葦之所茂，道里之遠近，城郭之大小，名邑廢邑，困殖之地，必盡知之，地形之出入相錯者，盡藏之。然後可以行軍襲邑。舉錯知先後，不失利。此地圖之常也。❷

根據《管子》的說法，凡論兵者不可不知山川地理形勢之要。《

漢書》〈藝文志〉的兵家中多附圖，正可說明《管子》所言不虛。然而班固並沒有將《山海經》放入兵家。問題出在《山海經》是什麼樣的地理書，它眞是實用的地理書嗎？司馬遷云：

> 《禹本記》言：「河出崑崙。崑崙其高二千五百餘里，日月所相避隱爲光明也。其上有醴泉、瑤池。」今自張騫使大夏之後也，窮河源，惡睹本紀所謂崑崙者乎？敎言九州山川，《尚書》近之矣。至《禹本紀》、《山海經》所有怪物，余不敢言之也。❸

司馬遷認爲《山海經》是條記山川之書，但却不認爲其中所記全眞。班固的看法完全和司馬遷一樣。王充也認爲《山海經》不可盡信❹。宋代的學者陳振孫早就對《山海經》分在地理書提出懷疑。他贊成朱子的看法，認爲《山海經》乃爲解〈天問〉而作，並非實用的地理書。只是把《山海經》分在地理書，相沿已久，姑仍舊貫❺。若《山海經》是地理書，充其量也只是「神話地理」，不見得眞派得上用場。漢明帝雖將《山海經》賜給王景，未必就叫他眞用此書治水❻。《山海經》若不是貨眞價實的地理書，那麼劉歆、班固在分類時便不見得要將《山海經》分入兵家。至於《山海經》何以入數術類的形法家，這可從漢人對於《山海經》成書的看法和《山海經》可能的功能加以推測。

關於禹、益作《山海經》的緣起，劉歆說得很清楚：

> 昔洪水洋溢，……禹乘四載，隨山刊木，定高山大川。…

…命山川，類草木，別水土。……內別五方之山，外分八
方之海，紀其珍寶奇物，異方之所生，水土草木禽獸昆蟲
麟鳳之所止，禎祥之所隱，及四海之外，絕域之國，殊類
之人。禹別九州，任土作貢；而益等類物善惡，著《山海
經》。❼

劉歆認爲《山海經》之作乃因禹、益治水之時，其足跡所到之處
，便爲山川命名，爲草木分類，而其目的則在「任土作貢，等類
善惡」。漢人不把大禹治水只視爲是一般的水利修築。大禹治水
在漢人的心目中具有相當神秘性，乃至神聖性的意味。《漢書》
〈溝洫志〉云：「河乃大禹所道也。聖人作事，爲萬世功，通於
神明。」在這種觀念下，更爲《山海經》蒙上了神秘的色彩。趙
曄對於《山海經》的寫作過程亦有相當神奇的描述：

禹（治水七年）……功未及成，愁然沉思。乃案《黃帝中
經曆》，蓋聖人所記，曰：「在于九山東南天柱號曰『宛
委』，赤帝在闕。其巖之巔，承以文玉，覆以盤石。其書
金簡，青玉爲字，編以白銀，皆瑑其文。」禹乃東巡，登
衡嶽，血白馬以祭，不幸所求。禹乃登山，仰天而嘯。因
夢見赤繡衣男子，自稱「玄夷蒼水使者」，聞帝使丈命于
斯，故來候之。非厥歲月，將告以期，無爲戲吟，故倚歌
覆釜之山，顧謂禹曰：「欲得我山神書者，齋於黃帝巖嶽
之下。三月庚子，登山發石，金簡之書存矣。」禹退文齋
。三月庚子，登宛委山，發金簡之書，案金簡玉字，得通

水之理。復返歸嶽，乘四載，以行川，始於霍山，徊集五
嶽。詩云：「信彼南山，惟禹甸之。」遂巡行四瀆，與益
、夔共謀。行到名山大澤，召其神而問之山川脈理、金玉
所有、鳥獸昆蟲之類，及八方之民俗、殊國異域、土地里
數，使益疏而記之。故名之曰《山海經》。❸

《山海經》的寫作在趙曄的描述下，乃是人力與天工融會下的傑
作，不是僅由人力便可以完成的。這說明了《山海經》似乎並不
單單是本普通的地理書。魯迅先生認爲《山海經》是古之巫書❹
。袁珂先生也認爲《山海經》「可能最初由巫師祈禳時懸掛的天
志鬼神圖像再加以文字解釋❺。禹、益在寫作《山海經》時，除
了主名山川、類別草木鳥獸之外，據畢沅說，他們還爲山川定了
秩祀❻。畢沅之說可以在古書中找到佐證。《山海經》一書原有
圖，而這些圖不止是今日吾人所見的畏獸、仙人而已，而且當有
山川道里❼。這些圖可能具有祭祀等儀式性功能。據鄭玄云：

　　望秩於山川小山及高嶽，皆信案山川之圖，而次序祭之。
　　❽

《山海經》中亦確有許多談及以何物祭何方神人之記載❾。《山
海經》中的地圖和畏獸、仙人圖或許正是爲祭祀之用，而漢明帝
賜《山海經》給王景的目的或許便著眼於《山海經》的儀式性功
能❿。《山海經》的儀式性功能除了和祭祀有關外，可能和現在
已難知其詳的某種占法有關。

《山海經》中有許多以怪物爲標的的占法。朱天順先生引用陳鏡池先生所寫的＜古代的物占＞一文以爲：從《山海經》所占的內容看來，它反映出社會力量對人的壓迫，而且《山海經》中的占法應是原始前兆迷信衰亡後，人們對於習以爲常的動物已有對抗、控制的能力後，才發展出來的占法。這種以怪物爲占象的卜法，其存在基礎不在於這些怪獸是否眞的存在，而在於人們相信有一個超自然的世界存在，且對於自然或社會中的事物尙無完全的控制力。在《山海經》的占法中，人把自身善惡、美醜的感情投射在其中❷。另外一位西方漢學家 Riccardo Fracasso 認爲《山海經》中的＜五藏山經＞可能和一種久已失傳的占法——妖異占（ teratoscopy ）——有關。這種占法曾見於希臘、羅馬時代。其方式則是考察某種妖異之形象，以確定其類屬，以預言此妖異所代表的吉凶關係。他由此認爲《山海經》放入形法家不當，而應置入雜占類❷。Fracasso 雖指出《山海經》和以怪物形象來占卜，但他認爲《山海經》當歸入雜占則不無商榷之餘地。據班固的說法，雜占所重的是「紀百事之象，候善惡之徵」，其所關心的是事情的前兆，而不是形象。若從 Fracasso 之說，那麼《山海經》更有資格歸入形法家中；因爲形法所關心的正是視物形象而占其吉凶。根據以上這些學者的研究，把《山海經》放入形法家頗合班固爲形法家所立的判準。

最後，筆者再從「人可與天地通」，這一戰國秦漢之時相當流行的觀念，考察大禹「命山川，類草木，別水土」和相人之間的類同之處。在漢人的觀念中，禹、益爲山川命名，爲草木鳥獸分類的工作與爲人看相是一類的工作。人是天地萬物之具體而微

者。《呂氏春秋》云：「天地萬物，一人之身。」❷天地之有山川，萬物之有種類，猶如人身骨肉形骸之有定相。故王符云：「人之有骨法也，猶萬物之有種類。」❷。董仲舒在說明「天人一體」時，將這個問題說得更加明白：

> 天地之精所以生物者，莫貴於人。人受命乎天也。故超然有倚。……物疢疾莫能偶天地，唯人獨能偶天地。人有三百六十節，偶天之數也；形體骨肉，偶地之厚也。上有耳目聰明，日月之象也；體有空竅理脈，川谷之象也；心有哀樂喜怒，神氣之類也。……是故人之身，首妾而員，象天容也；髮，象星辰也；耳目戾戾，象日月也；鼻口呼吸，象風氣也；胸中達知，象神明也；腹胞實虛，象百物也。……頸以上者，精神尊嚴，明天之類狀也；頸而下者，豐厚卑辱，土壤之比也。足布而方，地形之象也。❸

在董仲舒的描述中，人乃宇宙之具體而微。山川萬物與人之一身為一氣同枝的連續體❸。《博物志》中也提到了山川萬物與人身的關係：

> 地以名山為輔佐，石為之骨，川為之脈，草木為毛，土為肉。❸

骨、脈、毛、肉皆是身上之一部份，而山川草木便是地之骨、脈、毛、肉。不止山川萬物猶如人之骨相，且人之骨相亦猶如天地

萬物。天地萬物之形相亦可施之於人身，以爲看相之資。漢代相人術中的許多形容人相之語辭，亦多假天地萬物言之。如：「日角」、「日角偃月」、「山庭」，乃假天地山川言之；「龍顏」、「虎吻」、「鳥喙」、「豺聲」、「燕頷虎頸」、「狼子野心」、「摯鳥肩」、「蜂準」、「豕視」、「鴟目」……等，則是假動物來形容人。後世相書中以各種動物來比喻人的形相，以九州、五嶽、四瀆來爲人身分類（見圖２）❸，亦是人之身體可通於萬物的說明。從相人術用語中所展示的天人一體的觀念，正可看出《山海經》與相人術彼此間的相類之處，而考察人相亦猶如審視山川萬物。就人與山川萬物間之連續性而言，禹、益之考察山川萬物而爲之命名、分類時，便猶如端詳人之形體相貌；唯禹、益所察者乃天地宇宙之相，而一般相者所察乃是個人形體之相。而禹、益之爲山川定祀典，告人如何俟應山川，亦猶如相者觀人之吉凶，而告人應對之道。前者是聖人之事，故其相者大；後者則爲凡人之行，其所相者僅止於人之一身。誠如陸賈所云：

　　在天者可見，在地者可量，在物者可紀，在人者可相。❹

在漢人眼裡，仰觀天文，俯察地理，辨別萬物，都和爲人看相是同一類的活動。而《山海經》正是禹、益考察山川萬物之相的記錄，以之「考禎祥變怪之物，見遠國異人之謠俗」，亦猶如以相書察人之相。是以《漢書》＜藝文志＞將《山海經》與相書爲類，恐怕不止是因爲＜藝文志＞中無地理一類，或只是因爲《山海經》有圖，而與漢人視山川萬物皆如人之有形體可相，因而視其

爲考察山川萬物之相書有關。

另外在《漢書》<藝文志>中還有以相爲名之書，但却未歸入形法家，而分在雜占一類。這是因爲這些書和看相活動並不相類。其主要的區別在於雜占考察的是物之象，亦即其徵候，而形法家考察的則是物之相，亦即其形象。雜占中的<武禁相衣器>十四卷，據王先謙《漢書補注》引沈欽韓之說認爲這是日忌之書，而《神農教田相土耕種》十四卷與《種樹臧果相蠶》十三卷可能與土地和蠶的某些前兆有關❸，與形法家所涵蓋之內容有別，故雖冠以相字，而皆不入形法家。

總之，《山海經》在《漢書》<藝文志>中之所以歸入形法家，可能是因爲《山海經》和今已失傳的某些占卜方式有關。而這種卜法，又以考察怪物之形象爲主。再者，從天地萬物一體的觀念，禹、益之考察山川萬物便猶如爲人察相。這可能是《山海經》列入形法家的原因。

從漢人對於《山海經》的分類透露出，漢人對於相的概念並不止侷限於人。他們認爲天地間萬物皆可相，因此形法家中除了收有相山川萬物的《山海經》外，還有相宮宅、刀劍、六畜。在萬物皆可相的觀念下，漢人看相的原理如何？其方法如何？這些有趣的問題已因《相人》一書已亡佚，不易作很好的解答。下節僅就文獻所及的範圍內，對於各種相例加以收集，以略窺漢代相人術之概略。

第二節　漢代相法蠡測

　　雖說天地萬物皆有形可相，但天地萬物淵多龐雜，欲建立一套占相的規則，殊非易事。本章擬就漢代看相的一般原理略加說明，並對漢代相人之法加以蠡測，期能浮現漢代相人術之輪廓。

　　據人類學家的研究，卜筮的第一步是分類。相應於每一種卜筮系統，便有一種分類方式。而卜筮者的工作便在於道出，一分類系統下各類屬間的關係 ❸。看相亦不例外。萬物之所以可相是因爲萬物可以一套分類系統歸入幾個類屬，而看相者的本事便在於道出各種不同類屬之吉凶或類屬與類屬之間的吉凶關係。

　　陰陽五行是漢代思想最主要的分類系統，天地萬物皆可納入這一分類系統中，而確定其屬性。在被定名爲《黃帝四經》的馬王堆帛書中，可以看到把天地萬物皆納入陰陽範疇中的分類系統：

　　天陽地陰；春陽秋陰；夏陽冬陰；晝陽夜陰。大國陽，小國陰；重國陽，輕國陰。有事陽而無事陰。信者陰（當爲「陽」之誤）者（當爲「而」之誤）屈者陰。主陽臣陰。上陽下陰。男陽〔女陰〕。〔父〕陽〔子〕陰；兄陽弟陰。長陽少〔陰〕。貴〔陽〕賤陰。達陽窮陰。取婦姓（即「生」）子陽，有喪陰。制人者陽，制人者制於人者陰。客陽主人陰。師陽役陰。言陽黑（即默）陰。予陽受陰。諸陽者法天。天貴正，過正曰□□□□□祭乃反。諸陰者

　　法地。地之德，安徐正靜，柔節先定，善予不爭。此地之
　　度而雌之節也。㊲

這一段文字把天地四時的運行、政治人倫關係皆收攝進陰陽兩大
範疇，各事物皆在陰陽兩大範疇中獲得定位及屬性。不僅事物可
以歸入陰陽兩大範疇，而且每種陰或陽的事物類屬中又可再分陰
陽。董仲舒以人爲例說明了這一點：

　　丈夫雖賤皆爲陽，婦人雖貴皆爲陰。陰之中亦相爲陰，陽
　　之中亦相爲陽。諸在上者皆爲其下陽，諸在下者皆爲其上
　　陰㊳。

在同一陰或陽的範疇，各事物的陰陽屬性可從其在此一範疇中之
位置高低和其尊卑來決定。是以陰陽乃爲一相對性的分類方式，
必須視其所相對之物爲何乃能確定其屬性。以陰陽來爲事物分類
則其位置與其屬性必須同時確定。凡事物偏離其位置或其屬性者
則引起災禍。
　　陰陽可以簡單地將人分爲男、女兩類。在今日可見的相書中
，大抵皆有專相女人之部㊴，其與男子相有異。原因可能是社會
中對於男女所應扮演的角色看法不相同所致。至於漢代是否有專
相女人之相法，據筆者推測可能有。當黃霸和一位善相人者共載
而出時，此人爲黃霸鄰家之巫女看相，且謂若是此女未大貴則相
書不可用㊵，似乎當時相書中有專相女人之法。又東漢選後宮必
參以相法㊶，要皇家選出適當的後宮人選，當有專門的相法應此

需求才是。

五行的分類系統亦是一個包容天地萬物的分類系統，而且比
陰陽之分類系統更具動態性。五行的分類系統見於文獻者有《呂
氏春秋》之十二紀、《禮記》〈月令〉、《淮南子》〈時則訓〉
。這三種記載內容頗爲類似。又，《管子》之〈四時〉、〈五行
〉亦可視爲是這一類的作品。《黃帝內經》中的〈金匱眞言論〉
亦有一類似的分類法。（表2是筆者根據《呂氏春秋》十二紀之五
行分類所編的分類表。從表中可以看出天地萬物皆可依五行的關
係編入其中）。五行的分類系統也將陰陽含括在內。《白虎通》〈
五行〉云：

> 五行之性或上或下，何？火者，陽也。尊，故上。水者，
> 陰也。卑，故下。木者，少陽；金者，少陰。有中和之性
> ，故可曲直從革。土者，最大苞含物。將生者，出；將歸
> 者，入。不離清濁，爲萬物。……五行所以二陽三陰，何
> ？尊者配天，金木水火土，陰陽自偶。

由於五行中便有陰陽之性，故以五行分類，便不需要再用陰陽。
這或許是相人術中少用陰陽的原因吧。根據五行的分類，住在不
同方位的人甚至就有不同的長相屬性：

> 東方……其人兌形小頭，隆鼻大口，鳶肩企行，竅通於目
> ，筋氣屬氣焉。蒼色主肝，長大早知而不壽。……南方…
> …其人修形兌上，大口決肜。竅通於耳，血脈屬焉，赤色

主心，早壯而夭。……西方……其人面末僂，修頸卬行。
竅通於鼻，皮革屬焉，白色主肺，勇敢不仁。……北方…
…其人翕形短頸，大肩下尻。竅通於陰，骨幹屬焉。黑色
主腎，其人惷愚，而歐。……中央……其人大面短頤，美
鬢惡肥。竅通於口，膚肉屬焉。黃色主胃，慧聖而好治。
㊷

居住在不同方位的人各有不同的長相、屬性，此是以方位之五行
分。另外人尚可依其自身之形象而歸入五行的分類架構中。《靈
樞經》＜陰陽二十五人＞云：

木形之人……其為人蒼色，小頭，長面，大肩，背直、身
小，手足好，有才勞心，少力，多憂勞於事。……火形之
人……其為人赤色，廣䏚，脫面，小頭，好肩，背髀腹。
小手足，行安地，疾心，行搖，肩背肉滿，有氣，輕財，
少信，多慮，見事明，好顏，急心，不壽暴死。……土形
之人……其為人黃色，圓面，大頭，美肩背，大腹，美股
脛，小手足，多肉，上下相稱，行安地，舉足浮安，心好
利人，不喜權勢，善附人也。……金形之人……其為人，
方面，白色，小頭，小肩背，小腹，小手足，如骨發踵外
，骨輕，身清廉，急心靜悍，善為吏，……水形之人，…
…其為人黑色，面不平，大頭廉頤，小肩，大腹，動手足
，發行搖身，下尻長背，延延然不敬畏，善欺紿人，繆死
。㊸

人依其五行不同，各有其相與行爲上的特徵；再合以五行生剋之理，便能爲人占相。今日所見的相書中至少就有一派，其看相的方式便是將人先依五行分類❹，描繪出五種標準人，而後以此占諸人的實際長相，再依五行生剋之理，論列其人之命運吉凶。另外，相人氣色，也以五行之生剋爲其基本原理。這些建立在五行分類法上的看相方式，可能和當時的醫學有很密切的關係❹。

陰陽五行的分類法，爲相人術立下了基本的分類架構，可惜由於史文間缺，今已難詳考其實。

王符云：「人之相法，或在面部，或在手足，或在行步，或在聲響。」❹此可謂漢代相法之總綱，所相者或在面，或在手足，或在行步，或在音聲。以下僅將諸見諸史文之相例，蒐羅分類，以見當時相法之梗概。

面部以「溥平潤澤」爲上。汪繼培云：「王先生云：『溥，當作博。』」❹不論「溥」或「博」，都有「大」的意思❹，則面部之相當以大而豐潤爲上相。內史叔服謂公孫「穀也豐下，必有後於魯國」。杜預注：「豐下，蓋面方也。」竹添光鴻箋曰：「《詩・國風》：『子之豐兮，俟我著兮。』毛＜傳＞：『豐，面豐滿也。』豐下謂頤頰豐滿。」（《左傳》，＜文公元年＞）此即王充所謂：「面壯肥佼，亦一相也。」漢代有豐下之相者尙有漢明帝。史書謂他：「帝生而豐下銳上。」❹相傳湯的相貌亦如是❺。他們的相正與春秋時代的叔孫僑如相反。《國語》謂叔孫僑如的相是「方上銳下，宜觸冒人」❺。臉尖則是易得罪人之相。漢人相臉以豐頤爲上，這可能是在當時的生活條件下，只有富人才可能吃得白白胖胖。陳平爲人，長大美色。人或謂平：「

貧何食而肥若是？」❷這可說明當時人確實將富與肥連想在一起
。

　　額部之相則有「龍顏」（《史記》，＜高祖本紀＞；《漢書
》，＜高帝＞、「方顙」（《劉子》，＜命相＞）、「碓顙」（
《吳越春秋》，卷一，＜王僚使公子光傳＞）「日角」（《後漢
書》，＜光武紀＞）、「鼎角」、「匡犀」（《後漢書》，＜李
固傳＞）之目。應劭曰：「顏，顙額也。齊人謂之『顙』；汝南
淮泗之閒曰『顏』。」《說文》曰：

　　　　顏，眉之閒也。

段＜注＞：

　　　　《相書》之所謂中正印堂也。按＜庸風＞：「揚且皙也，
　　　　子之清揚，揚且之顏也。」＜傳＞曰：「揚眉，上廣也。
　　　　清視，清明也。揚且之顏者，廣揚而顏角豐滿也。」

毛云：

　　　　顏角蓋指全額而言。中謂之顏，旁謂之角。由兩眉閒以直
　　　　上皆得謂之顏。醫經：『額，曰顏，曰庭是也。』《國語
　　　　》：『角犀豐盈。』亦角謂旁，犀謂中。……故相法有骨
　　　　自印堂至頂者曰「伏犀貫頂」。❸

至於龍顏是何形狀，恐怕得見過龍才會知道了。關於漢高祖的長相在下一章會有更詳細的討論。《國語》＜鄭語＞上，云：「今王（幽王）……惡角犀豐盈而近頑童窮固。」韋昭注云：「角犀，謂顏角有伏犀，豐盈謂頰輔豐滿，皆賢明之相。」韋昭將「角犀」當作一辭解恐怕不確。李固有「鼎角、匿犀」之相，據李賢注云：「鼎角者，頂有骨如鼎足也。匿犀，伏犀也，謂骨當額上入髮際隱起也。」是角、犀當為額之二部位。《長短經》亦云：「伏犀明峻，輔角豐禮者，五品之侯也。」注云：「夫人腦縫骨起，前後長大者，將軍二千石，領兵相也。出髮際為伏犀，須聳峻稜利，公侯相也。」❺亦是將角、犀視為二部位。又據前引段玉裁之說，亦將角、犀視為是額部的兩個部位。犀指的是額中央的位置，角則是額之旁側。角、犀豐盈是賢明之相，可見額之相以豐滿為上。頟是額頭之意。鉗徒嘗相衞青，謂其當封侯。《漢書》未云其相如何，但《劉子》則云：「衞青方頟，鉗徒明其富貴。」❺，則方頟為貴富相。以方頟配豐下，則當時人所重之臉或以方形為上，亦即所謂國字臉❺。碓頟，意不詳。此乃春秋刺客專諸之相，當與其身形合觀。日角，則據鄭玄云「日角謂中庭骨起，狀如日」❺，此是帝王之貴相。而東漢順帝梁皇后有「日角偃月」之相，相工云此相極貴❺。又，管輅自謂：「吾額上無生骨。」其所指為何，今不詳；但此則為不壽之驗❺。漢高封劉濞後，謂「若狀有反相」❻。這段記載在《長短經》中成為「汝面狀有反相」。據注云：「《經》曰：『眉上骨斗高者，名為九反骨。其人恆有苞藏之志。』」❻從這些相例看來，額之相當以方而寬闊為上。

眼睛之相則有「蠭目」（《左傳》，＜文公元年＞）、「望羊」（《左傳》，＜哀公十四年＞）、「過頤豕視」（《戰國策》，＜齊＞一）、「過頤涿視」（《呂氏春秋》，＜知士＞）、「長目」（《史記》，＜秦始皇本紀＞）、「長目豕視」（《孔叢子》，＜執節＞）、「鴟目」（《漢書》，＜王莽傳＞中）之目。蠭目即蜂目⑥，其意未詳，後世之相書亦未有蜂目之相。蜂目或言其目小如蜂吧？如此者，性格凶殘⑯。望視，杜預注云：「目望陽。」望視是豕的一種眼神。《禮記》＜內則＞云：「豕望視而交睫腥。」孔疏云：「望視，豕視望揚。」⑯《周禮》＜內饔＞亦有此文，但作：「豕盲眂而交睫腥。」杜子春云：「盲眂，當作望視。」⑯《戰國策》＜齊策＞一，與《呂氏春秋》＜知士＞二段文字都是劑貌辨（或作「齊貌辨」）諫靖郭君勿立齊宣王之事。二文所云之豕視，當指望陽而言。陳奇猷注《呂氏春秋》云：「『頤』當爲『頤』之別體。」並引劉辰翁注《戰國策》云：「過頤，即俗所謂耳後見腮；豕視，即相法所謂下邪偷視。」⑯但楊伯峻云：「望視，仰視。」⑯與劉辰翁所說不同。揆諸《釋名》＜釋姿容＞云「望羊，望陽也；言陽氣在上，舉頭高似若望之然也」⑯，則當以楊伯峻注爲是。又《孔子家語》＜辨樂＞注云：「望羊，遠視也。」⑯《莊子》＜秋水＞有「望洋」之語。郭慶藩＜集解＞引司馬崔云：「盳洋，猶望羊；仰視貌。」⑯從諸書所述看來，「望視」當是「仰視」之意。望視之豕非好豕；望視之人亦非好人。《左傳》言望視之人善窺視上意，而《戰國策》則謂豕視之人不仁。《孔叢子》亦云：「其爲人也，長目而豕視者，必體方而心圓。」⑳謂其詐。而《長短經》注云：

「眸子服服如望羊，⋯⋯豈唯失其福祿，將乃罹其禍殃。」⓻皆
非好相。長目當言眼睛之形狀長，從史書中的記載看來，長目之
人亦是性格凶殘，並非好相。鴟目當言目似鴟，其特徵當是「露
眼赤精」，亦非佳相。除了眼睛的形狀外，眼神也很重要，漢及
其前之人觀人最重眸子。如孟子云：

> 存乎人者，莫良於眸子。眸子不能掩其惡。胸中正，則眸
> 子瞭焉；胸中不正，則眸子眊焉。聽其言也，觀其眸子，
> 人焉廋哉？⓽

是孟子以為人之眼神可以看出其人之正邪。賈誼亦云：

> 是故物之始形也，分先而為目；目成也，形乃從。是以人
> 乃有因之。在氣，莫精於目，目清而潤澤，若濡無翳穢雜
> 焉，故能也。由此觀之，目足以明道德之潤澤矣。⓾

賈誼則從人成形的過程言目可以觀人道德之高下。而眼神貫注而
不動，則為意志堅定之相。(《太平御覽》，卷七二九，〈方術部‧相〉上
，所引之《史記》逸文。)目不但可以看出人之道德修養，亦可
以看出壽命之長短。管輅自云其「眼中無守精」⓯是不壽之相。
《黃帝內經》云：「夫精者，身之本也。」⓰眼無守精則無以守
其身，故以為夭亡之相。另外，王符引《易》〈說卦〉「巽為人
多白眼」謂：「相揚四白者兵死。」⓱則眼睛四白亦非善相。又
瞳子白黑分明，乃見事明之相。(《太平御覽》，卷七二九，〈

方術部・相＞上，所引之《史記》逸文）

鼻之相則有「隆準」（《史記》，＜高祖本紀＞、《漢書》，＜高帝紀＞、《後漢書》，＜光武紀＞）、「蜂準」（《史記》，＜秦始皇本紀＞）之目。隆準乃高鼻之意。至於秦始皇之蜂準，則有些問題。《史記集解》引徐廣曰：「蜂，一作隆。」但《史記正義》云：「蜂，顙也，高鼻也。」是蜂準一本作隆準。但顏師古所引之晉灼所見本，作「蜂目長準」。但不論是「隆準」、「蜂準」或「長準」，具是高鼻之意。高鼻為帝王之相，則鼻之相以高為上。此又可從管輅之自占見之。管輅云：「鼻無梁柱。」此當即《長短經》＜察相＞篇注所云：「鼻柱薄而梁陷者，多病厄之人也。」可見鼻樑凹陷並非善相。

口之相則有「鳥喙」（《史記會注考證》，＜越世家＞）、「侈口」（《漢書》，＜王莽傳＞中）、「大口」（《後漢書》，＜光武紀＞）、「方口」（《東觀漢紀》，＜明德馬皇后＞）之目。鳥喙，謂人口似鳥之尖。侈口，據顏師古云，乃大口之意。口以大為上；然大而無當則為侈口，便非善相。至於方口當謂略呈方形。此為女子口相之上者。又，《後漢書》＜周亞夫傳＞有：「從理入口。」從理即縱紋。此主人當餓死，非好相。

頷頸之相則有：「長頸」（《史記會注考證》，＜越世家＞）、「蠆頤」（《漢書》，＜王莽傳＞中）、「燕頷虎頸」（《後漢書》，＜班超傳＞）之目。「長頸鳥喙」當合而觀之，乃「可與共患難，不可與共樂」之人。「蠆頤侈口」亦當合觀。顏師古云：「頤，頤也。」《急就章》：「頰頤頸項肩臂肘。」注云：「下頷曰頤。」❷《漢書》又云莽「虎吻」而能食人，此為凶

殘之相。「燕頷虎頸，飛而食肉」，此則為萬里封侯之貴相。

手足之相則以「深細明直」為上。《左傳》〈隱公元年〉：「宋武公生仲子。仲子生而有文在手，曰『為魯夫人』。」又，〈閔公二年〉：魯季友生，「有文在手，曰『友』」。此皆手紋之相。但不知此與後世之看手相是否有關。但至遲在戰國末期手相便已存在。《韓非子》〈詭使篇〉曾提到「相手理」者，則在當時應已有人以此為業。足相可得而言者，則有「左足心黑子」（《後漢書》，〈酷吏・黃昌傳〉）、「履龜文」（《後漢書》，〈李固傳〉）。此二相皆為二千石之好相。此外腳有「天根」之相。天根所指為何，今無考，但腳若無天根則是不壽之相（《三國志》，〈方技傳〉）。

身形則以「高大」為上，這一點在下一章還會再詳細說明。身體其他各部位，如肩則有「摯鳥肩」（《史記》，〈秦始皇本紀〉），胸則有「反膺」（《漢書》，〈王莽傳〉中），背有「三甲」，腹有「三壬」（《三國志》，〈方技傳〉）之目。摯鳥膺謂胸往前突。反膺、三甲、三壬，不詳。不過背無三甲，腹無三壬，皆為不壽之相。此外尚有「虎膺熊背」（《吳越春秋》，卷一，〈王僚使公子光傳〉）之目，以形容人之勇猛。另外「長而背僂」，亦即高大而駝背，亦非善相[79]。

形步、聲響亦有可得而說者。行步當「安穩覆載」、音聲欲「溫和中宮」[80]。行步，王符引單襄公察晉厲公為例。據《國語》〈周語〉下，所載：「晉厲公視遠步高。」單襄公云：

> 君子目以定體，足以從之，是以觀其容而知其心矣。目以

處義，足以步目。今晉侯視遠而足高，目不在體，而足不
步目，其心必異矣。目體不相從，何以能久？⑪

此或可見漢代相行步之要。至於聲響，史例所見，以豺狼之聲為
最多⑫。此為「狼子野心」之相。所謂豺狼之聲乃「大聲而嘶」
（《漢書》，＜王莽傳＞中），即聲大而破。此相所主為凶殘。

以上所論當即所謂「骨法」。骨法所主為祿位，最重均衡。
故王符云：「頭面手足，身形骨節，皆欲相副稱。」⑬骨法之好
壞，除了以專有名詞外，通常多用動物形象來象徵。上文所引述
的史例大體都是以兇猛的動物為代表。這些動物的形象，大體可
作兩種解釋：一是形容性格兇殘；一是形容其勇敢。由此也可以
大略看出，除了為理解生物世界所作的分類外，當時人對於生物
觀感亦投射在對人的形容上。可惜這一方面的資料不夠多，難以
再作更詳細的分析⑭。

除了骨法外，人之氣色亦可以相。王符云：「氣色為吉凶候
。」⑮從王充的記載看來，氣色之相法似乎頗為複雜。他說：「
人面色部七十有餘。」⑯相氣色之史例並不多見，今舉一例，以
見其概：

（太子晉）曰：「吾聞汝知人年之長短，告吾。」師曠對
曰：「汝聲清汗，汝色赤白，火色不壽。」

朱佑曾注云：

聲散而不收，如汗之出而不返。清為金，汗為火，故其色赤白。金不勝火，則火為主。火必附木以炎，今無木，故不壽。❽

除了以氣色看人的健康外，尚可以之看他人家中是否有憂喜事：

上（武帝）欲陵死戰，召陵母及婦，使相者視之，無死喪色。❽

又可以此觀人之性情，如《呂氏春秋》＜達鬱＞云：「敦顏而土色者忍醜。」陳奇猷注云：「敦顏蓋即所謂忠厚相。」高誘注云：「土為四時五行之主，多所戴愛，故能辱忍醜也。」此是以五行之屬性來論人之性情。又五行相生相剋的原理亦是看相的重要依據。這即是王符所謂「五色之見，王廢有時」❽。所謂的「王廢有時」即指相生相剋。據《長短經》注引《相經》云：

青主憂，白主哭泣，黑主病，赤主驚恐，黃主慶喜。凡此五色，並以四時判之。春三月，青色王，赤色相，白色囚，黃、黑二色皆死；夏三月，赤色王，白色、黃色皆相，青色死，黑色囚；秋三月，白色王，黑色相，赤色死，青黃二色皆囚；冬三月，黑色王，青色相，白色死，黃與赤二色囚。若得其時，色王、相者吉；不得其時，色、王、相若囚，死者凶。❾

此種以氣色爲候的看相法，可能與漢代多以五色描述人物有關。如謂人土色、青黑色、青白色、赤色、黃色等❸。另外漢代醫學中，以容色來診斷人的健康，亦可能與相人顏色有關。如：

> 凡相五色之奇脈，面黃目青，面黃目赤，面黃目白，面黃目黑，皆不死也；面青目赤，面赤目白，面青目黑，面黑目白，面赤目青，皆死。❷

看相與中醫的關聯在許多地方可以看到。例如《史記》＜扁鵲倉公列傳＞有五色診病，又有「望色、聽聲、寫形」之診病法，與相法頗有類同之處。不知相人術是否由此吸收了許多資源？宋代以後看相和醫學間的關係可看得更清楚。如《四診抉微》中許多診斷所用的名詞與相人術相同❸。至於二者間的關連，尚待更進一步的探討。

　　至於王符所謂的「部位爲年時」，在漢代的史料中，看不到這一方面的例子。不知是否和《神相全編》中的＜流年運氣部位歌＞相類❹？

　　在漢代的史料中吾人尙可看到一些與以上相法不合的例子。通常帝王之相當是極貴之相。但是在許多兩漢的史料中，所見的古帝聖王相與上述的蠡測頗多不合。下節便討論這些例外的古聖王相。

第三節 「聖人不相」

　　許多古聖人相的記載，不合前節所蠡測的漢代相法。有些惡相，反倒出現在這些古聖人的形貌上。因此，關於古聖人的相有必要再加解釋。這可從「聖人不相」這個觀念談起。「聖人不相」出自戰國時一位有名的相者唐舉之口。蔡澤游學，未能得志於諸侯，乃從唐舉相。蔡澤曰：

> 「吾聞先生相李兌，曰：『百日之內持國秉。』有之乎？」曰：「有之。」曰：「若臣者何如？」唐舉孰視而笑曰：「先生曷鼻，巨肩，魋顏，蹙齃，膝攣。吾聞聖人不相，殆先生乎？」蔡澤知唐舉戲之，乃曰：「富貴吾所自有，吾所不知者壽也，願聞之。」唐舉曰：「先生之壽，從今以往者四十三歲。」蔡澤笑謝而去。❾❺

先談蔡澤之相貌。曷鼻，有兩種解釋：一謂鼻上有橫文如蝎蟲；一謂偃鼻，即仰鼻，此與上節相鼻之標準不合。巨肩，或謂肩巨於項，或謂肩高。魋顏，謂額頭突出。章炳麟謂：「《說文》頯，謂出額也；今人謂衡額角也。《史記》：『魋顏蹙齃。』魋，即頯；顏者，額也。」❾❻蹙齃，或謂鼻蹙眉，或謂鼻莖蹙縮。膝攣，謂兩膝攣曲❾❼。蔡澤這幅長相確有許多不合相法之處。因此，所謂「聖人不相」，大致可以如此理解：聖人之相或怪或醜，迥異於常人，不合法相，是以不可以相常人之法相之，故曰不相

。

關於蔡澤就唐舉求相這件事，有兩種不同的意見。在＜解嘲＞一文中，揚雄謂：「蔡澤以噤吟而笑唐舉。」呂延濟注曰：

> 蔡澤就唐舉相，舉乃笑之，……後乃代范睢為相。●

根據揚雄的說法，蔡澤之相確像文中所描述般醜陋，而唐舉以貌取人，故以「聖人不相」之說譏之。後來的王充也依循了揚雄的看法。他說：

> 唐舉占蔡澤，不驗之文，此失之不審。……唐舉惑於蔡澤，……不能具見形狀之實也。●

漢代的另一位學者王符並不同意揚雄與王充的意見。他認為唐舉是位偉大的相士，沒有錯相蔡澤：

> 唐舉之相李兌、蔡澤……雖司命班祿，追敘行事，弗能過也。●

可是他並沒有更進一步說明。王符認為「聖人不相」一語只是唐舉有意調侃，並非蔡澤真是這副模樣，後來的庾信也有類似看法。他認為蔡澤之求相於唐舉已達到決疑的效果。他說：

> 蔡澤羈旅，唐生決疑。無勞神策，不問靈龜。富貴自取，

> 年壽須期。雖云異相，會待逢時。⑩

不過他也沒有對聖人不相作更多的解析，倒是張守節在注這段文字時提出了他的看法。他說：

> 蔡澤實不醜，而唐舉戲之。揚雄＜解嘲＞言「蔡澤嚛吟而笑唐舉」，誤甚也。⑩

依張守節的詮釋，唐舉謂「聖人不相」，意在調侃，並無譏諷之意。對於上述蔡澤看相兩種不同的詮釋，個人較傾向張守節的看法。理由有四：第一、如果蔡澤果真生就一副怪相，唐舉一望便知，不必「孰視」而後才嘲笑他。第二、看相之事乃一市場行為，看相者主動譏諷顧客之事，著實難令人信服。更何況唐舉已頗有聲名，他何必嘲笑顧客來砸自己的招牌？第三、從蔡澤「知唐舉戲之」的反應亦可知從相貌中唐舉已看出蔡澤前途無量，故以反語點破。蔡澤心下亦知，故再問其可以享受榮華富貴之年壽。最後二人賓主盡歡，完成了一次好交易。第四、再就看相者的立場而言，如果唐舉那麼差勁，歷代看相者沒有理由將之視為相人術傳統中的一重要人物，來減低自己這一行的可信度⑩。然而問題並沒有就此結束。從上一節的分析中可以看出，當時相人術傳統中所謂的好相和唐舉為蔡澤描繪的醜相並不相合。何以在當時的相人術中會容許「聖人不相」這樣的概念存在？「聖人不相」這一概念又代表了什麼意義？以下試就這兩個問題再加說明。

「聖人不相」這一概念似乎並非當時相人術傳統中所有。這

點可從兩方面加以說明：一、從當時人對於相的概念中，可以看出當時人不以醜怪爲上相；二、從當時人論相的文字中，也可以佐證「聖人不相」這一概念並非出自當時的相人術傳統中。

　　春秋時代的貴族對於容貌的美醜相當重視。一位其貌不揚或長相甚怪的貴族，便常成爲他人取笑的對象。當年晉公子重耳出亡，流落外國，自衞國到了曹國，曹共公聽說他「駢脅」——即肋骨相連，心頗感興趣，特地設幕偷窺重耳洗澡。重耳自然不能容忍這麼不禮貌的行爲。等他返國即位之後，自是痛懲曹國 ❿。這段歷史透露出當時人對於長相與衆不同的人是多麼的好奇啊！又如晉郤克出使於齊，齊頃公亦設帷幕使婦人觀之。此婦人見郤克登階時，忍不住笑了出來。郤克聞聲，火冒三丈，憤恨地發誓道：「所不此報，無能涉河。」 ⓯ 就因爲這一次的事件爲齊國帶來了一次恥辱的兵禍。敗齊之後，郤克許和的條件之一即是以蕭同叔子爲質 ⓰。但爲什麼郤克登階這麼有令人發噱的效果？據韋昭說是因爲郤克是個跛子 ⓱。《穀梁傳》對此事的時間和記載與《左傳》稍異，但却更令人絕倒：

> 季孫行父禿，晉郤克眇，衞孫良跛，曹公子手僂，同時而聘於齊。齊使禿者御禿者，使眇者御眇者，使跛者御跛者，使僂者御僂者。蕭同姪子處臺上而笑之。聞於客。客不說而去，相與立胥閭而語，移日不解。⓲

二傳的記載雖有不同，但都顯出當時容貌對於貴族尊嚴的維持相當重要。容貌不美或是有身體上的缺陷，便常淪爲他人的笑柄。

齊國名臣晏嬰便曾因他身材五短，在使楚時，爲楚所辱。幸賴他的機智，挽回了顏面，而且譏刺了楚人一頓：

> 晏子使楚。以晏子短，楚人爲小門于大門之側而延晏子。晏子不入，曰：「使狗國者從狗門入。今臣使楚，不當從此門入。」儐者更道從大門入，見楚王。王曰：「齊無人耶？」晏子對曰：「臨淄三百閭，張袂成陰，揮汗成雨，比肩繼踵而在，何爲無人？」王曰：「然則子何爲使乎？」晏子對曰：「齊命使各有所主，其賢者使使賢王，不肖者使使不肖王。嬰最不肖，故直使楚矣！」⑩

從以上這些例子可以看出，身體發育上的不健全、殘障，及身材矮小，都是當時人嘲諷的對象。不止如此，有些身體上的殘障恐怕還會因當時人的一些特殊信仰而遭殃。《左傳》中便記載著這麼一件事：

> （僖公二十一年），夏，大旱。公欲焚巫、尪。楊伯峻注：「尪，突胸仰向疾也。」鄭玄〈檀弓〉注亦云：「尪者面向天，覬天哀而雨之。」杜預本此而引伸之云：「瘠病之人，其面向上。俗謂天哀其雨，恐雨入其鼻，故爲之旱。是以公欲焚之。」⑩

突胸之人只因其面易朝上，居然會因之帶來焚身之禍，「異相」豈是件好事？一個人的形體容貌，不但影響別人對他的觀感，而

且還會影響其職事。春秋時代對於形體上有缺陷的人還有工作上
的限制：

> 官師之所材也，戚施直鎛，蘧蒢蒙璆，侏儒扶盧，矇瞍修
> 聲，聾司火。童昏、嚚瘖、僬僥，官師之所材也，以實裔
> 土。⑪

這所謂的「八疾」，大體從事賤役；有的甚至還不在官師任用的
範圍內。身體上的缺陷，形容的醜陋，都可歸入「不相」的範疇
中。從上引的事例中，可看出「不相」之人在社會上常成爲人嘲
弄的對象，而且在社會上的生存機會也較形貌正常的人遜色。

人與人間的第一印象，常取決於容貌。容貌不良的人常給人
不佳的印象，而阻礙了他人對自己的了解：

> 昔叔向適鄭，鬷蔑惡（ 杜注：惡，貌醜 ），欲觀叔向。從
> 使之收器者，而往。立於堂下，一言而善。叔向將飲酒，
> 聞之，曰：「必鬷明也。」下，執其手以上，曰：「昔賈
> 大夫惡，娶妻而美，三年不言不笑。御以如皋，射雉，獲
> 之，其妻始笑而言。賈大夫曰：『才之不可以已。我不能
> 射，女遂不言不笑夫！』今子少不颺，子若無言，吾幾失
> 子矣。言之不可以已也如是！」遂如故知。⑫

叔向差點因鬷明的惡貌而忽視其才德，從他自舉的例子中可以看
出，一位其貌不揚的人甚至連妻子都瞧他不起！就連有教無類的

孔夫子，也曾因容貌而幾看錯人：

> 澹臺滅明，……狀貌甚惡。欲事孔子，孔子以為材薄。既
> 已受業，退而修行，行不由徑，非公事不見卿大夫。南游
> 至江，從弟子三百人，……名施乎諸侯。孔子聞之曰：「
> 吾以言取人，失之宰予；以貌取人，失之子羽。」⑬

這兩個例子一方面顯示出當時人對於容貌之重視，一方面由此也
可看出以貌取人可能是當時的常態。墨子對於這種現象便有所抱
怨：

> 王公大人有所愛其色而使其心，不察其知而與其愛。是故
> 不能治百人者，使處乎千人之官；不能治千人者，使處乎
> 萬人之官。此其故何也？曰：若處官者，爵高而祿厚，故
> 愛其色而使之焉。⑭

從墨子的敍述中可以看出，美貌出衆確實要比容貌醜惡中在社會
上有更強的競爭力。鄒忌一直想與城北徐公比美的心態，列精子
高欲人贊美之心情，皆可略見當時人認為自己容貌甚美是件值得
重視、值得誇耀的事⑮。體貌壯美不但有利於人在社會中生存，
有時甚至可以救命。韓信、張蒼不都是因其容貌美好而在臨刑之
時保住了一條性命⑯？相人術並非某一思想家獨特的見解，或是
某種特殊的理論⑰，它要取得當時人的認同，必不能離常情太遠
。在如此重視容貌的社會背景下，名相者唐舉偏偏反其道而行，

有「聖人不相」之說，寧非怪事？

其次，從當時人論相也可看出，「聖人不相」這一概念當非來自當時的相人術傳統。《荀子》<非相>篇舉出了一些古聖人奇形怪狀的例子❶，其目的便在於否定相貌與人之命運吉凶之關連。若這些聖人的怪相都取自當時的相書，那荀子不是拿石頭砸自己的腳？揚雄、王充認爲唐舉相不準蔡澤，雖然可能是文意詮釋上的問題，却正說明了「聖人不相」這一概念可能不是來自相人術傳統。揚雄、王充把「聖人不相」理解成是唐舉對於蔡澤惡相之正面譏嘲。他們的詮釋正可反襯當時相人術的傳統中，並不以怪醜之相爲上。而王充在列出不相之古聖人之同時，也指出了這些古聖人的形象是來自「儒所共說，在經傳者」❶。這些不相的聖人是來自戰國秦漢之時的儒家學者，而不是來自當時的相人術傳統。至於「聖人不相」何以會在此時出現，其意義爲何，恐怕還得先從「聖人」這個概念談起。

「聖人」是個相當複雜的概念。儒、墨、道、法都尊崇聖人，但其所謂「聖人」的性質却各不相同。要仔細分析這一概念的實質內涵，及其在秦漢以後的發展，勢非此處篇幅所能交代清楚。但筆者認爲「聖人」這個語辭當有某些共通的特性，使得戰國、秦漢間不同的學者在用這個語辭時，能夠相互溝通與爭辯。以下便對此略加說明。

「聖」字在甲骨文中便已出現。原與聲、聽同一字，後漸分出。「耳傳之而爲聲，得聲之動作則爲聽，得聲官能之敏銳則爲聖。」❶聖原爲聽覺敏銳，後又由此引伸爲以「（聲）因而通於心」❶。故《說文》云：

聖，通也。

注云：

> 通而先識曰聖，無所不通也，……聖則萬物皆呈其情也。
> ……言心通萬物之情若耳之通聲也。⑫

聖既云通，故精通於一事者可被稱爲聖⑬。那麼，多材多藝之人
當然更有資格被稱爲聖了。子貢稱孔子爲聖便是基於這個觀點⑭
。《風俗通》又云：「聖者，聲也；言聞聲知情。」⑮能聞聲知
情之人，必然相當聰穎睿智。故聰睿之人又稱聖人。春秋時代的
臧武仲便因此而被稱爲聖人⑯。這個意思歷經戰國至漢猶存。齊
宿瘤女被稱爲「聖女」，倉公淳于意被稱爲「聖儒」，元后在讖
文中被稱爲「聖女」，張堪、任延被稱爲「聖童」，這裡的「聖
」用的大體是聖字的原意⑰。戰國秦漢間的人還將「聖」視爲是
一種德。《周禮》<大司徒>便將之包含於六德之內，將之教給
萬民；馬王堆帛書中亦將之與仁、義、禮、智並列而稱之爲「五
行」。「聖」仍是通而先識之意，與明於事理的「知」略有不同
⑱。「聖」字的原意雖然歷漢仍存，但戰國諸子卻站在「聖」字
「通」的意義上，將聖的意義加以擴充，將「通」的意義解釋爲
通於天地萬物⑲。《白虎通》<聖人>篇可爲這層意思的代表：

> 聖人者何？聖者通也、道也、聲也。道無所不通，明無所
> 不照。聞聲知情，與天地合德，日月合明，四時合序，鬼

神合吉凶。《禮》＜別名記＞曰：「五人曰茂，十人曰選，百人曰俊，千人曰英，倍英曰賢，萬人曰傑，萬傑曰聖。」⓭

《白虎通》將人分為茂、選、俊、英、賢、傑、聖，而以聖人之材德為最高。《韓詩外傳》中也有類似的分法：

> 以從俗為善，以貨財為寶，以養性為巳至道，是民德也，未及於士也。行法而志堅，不以私欲害其所聞，是勁士也，未及於君子也。行法而志堅，好修其所聞，以矯其情，言行多當，未安諭也，知慮多當，未周密也，上則能大其所隆也，下則開道不若己者，是為厚君子，未及聖人也。若夫（修）百王之法，若別黑白；應當世之變，若數三綱；行禮要節，若性四支；因化之功，若推四時；天下得序，群物安居，是聖人也。⓭

聖人不但材德居於眾人之上，其知亦不止知當世之務，且有能見人之所不能見的先知之明：

> 天地神明之心，與人事成敗之真，固莫之能見也，唯聖人能見之。聖人者，見人之所不見者也。⓭

聖人甚至能「上知千歲，下知千歲」⓭。這些精神狀態與能力異於常的聖人，在社會上扮演什麼角色？亦即《白虎通》所謂的「

天地合德，日月合明，四時合序，鬼神合吉凶」，或者是《韓詩外傳》所謂的「因化之功，若推四時，天下得序，群物安居」，指的是什麼樣的事業？陸賈或許可以給人一些線索：

先聖乃仰觀天文，俯察地理，圖畫乾坤，以定人道。民始開悟，知有父子之親，君臣之義，夫婦之別，長幼之序。於是百官立，王道乃生。……民知畏法，而無禮義，於是中聖乃設辟雍庠序之教，以正上下之儀，明父子之禮，君臣之義，使強不凌弱，眾不暴寡，棄貪鄙之心，興清潔之行。禮義不行，綱紀不立，後世衰廢，於是後聖乃定五經，明六藝，承天統地，窮事察微，原情立本，以緒人倫；宗諸天地，纂脩篇章，垂諸來世，被諸鳥獸，以匡衰亂。天人合策，原道悉備。智者達其心，百工窮其巧。乃調之以管弦絲竹之音，設鐘鼓歌舞之樂，以節奢侈，正風俗，通文雅。⑭

陸賈所謂的先聖有：神農、黃帝、后稷、禹、奚仲、皋陶。中聖、後聖陸賈雖未明言，但王利器先生依《易》〈繫辭〉下，推斷中聖當指文王、周公；至於後聖指的則是孔子⑮。這些聖人都是開創文化的英雄⑯。不只陸賈有這樣的看法，韓非子亦然。韓非子雖然認爲時異事變，先聖不一定可法，但在他的敍述下，先代的聖人亦皆是文化的創造者⑰。人民若少了這些偉大的文化開創者的領導，不但無法滿足其人倫上的需求，甚至連物質上的滿足都無法達成，只能生活在與野獸相同的水準⑱。若再仔細地檢查

這些聖人的身分，都是傳說中或者是歷史上存在的君王與他們手下多才多藝的臣子；換句話說，都是統治者。因此不惟湯、文王可爲聖王，而伊尹、太公可爲聖臣⑱；甚至作過短期魯司寇的孔子也可被稱爲聖相。另一位生平不詳的公孫宣回也曾蒙「聖相」之稱⑭。從《白虎通》對於帝王稱號的描述也可以看出統治者（而且通常是最高的統治者）和聖人之間的相似處：

> 德合天地者稱帝；仁義合者稱王。……德象天地稱帝，仁
> 義所生稱王……帝者天號，王者五行之稱也。……皇者…
> …天人之稱也。……與天地通靈。⑪

所謂帝、王、皇者和聖人一樣，皆必須與天地扯上關係。而從「何以知帝王聖人也」這句反問語中，更可看出漢代儒者肯定了聖人和帝王之間的關連性⑫。在孟子時代，伯夷、伊尹、柳下惠都可以是聖人，而到了漢代公定的聖人卻有了一份較爲固定的名單⑬。其中仍以古帝居多。漢代的皇帝雖然並未公開宣稱自己是聖人，且漢代學者也不一定認爲漢朝的皇帝是眞正的聖人⑭，儘管如此，在戰國、秦漢學者的論述中，聖人仍是統治者的重要形象。但是何以聖人會和統治者連在一起？因爲聖人必須顯其材德於外，以溥化群黎，與民分享其個人修養的成果。莊子云：「以德分人曰聖。」亦即個人之「內聖」尚不爲聖，必須將其德顯揚，人方能知其聖，故莊子將「內聖」與「外王」合稱。孟子亦云：「充實而有光輝之謂大，大而化之之謂聖。」個人修養再高，亦不過是獨善其身之大人，必須將其德之影響力發散，方是聖人⑮

。《管子》將這層意思發揮得更詳細：

> 聖人之所以爲聖人者，善分民也。聖人不能分民，則猶百
> 姓也。於己不足，安得名聖？⑯

聖人必須分人以財或以德，而此必須有「位」方能辦到。故曰：
「聖人之大寶曰位。」⑰ 然而這只是諸子構想中以有德的聖人來
當統治者，但並非有位者即是聖人。不過戰國末年的有位的統治
者却都想攫取聖人名號。《商君書》云：「今當世之用事者，皆
欲爲上聖。」⑱ 可爲此心態之最佳表白。

　　根據上文的分析，聖人的意義原是聽覺敏銳之人。從聲入而
通心，聞聲而知情，又進而將聖人引伸爲聰睿之人，這一直是聖
字的主要意義。但在戰國、秦、漢學者的論述下，聖人成爲通乎古
今天地之情的人，而且成爲完美人格的表徵⑲。在他們的論述下
，聖人往往與有位者相連繫主要是指最高統治者，其次則是其臣
輔。他們都是在社會流動中，昇登到最高點的人。要解釋何以是
他們——而不是別人——能在社會流動中比人更勝一籌，必須要
指出他們異於常人之處；而形貌便是其一。

　　從「聖」字的原意看來，聖人之所以異於常人，主要是他們
的精神狀態⑳，原本並不須要強調其形體異於常人。《莊子》中
許多得道的形殘之人，都是用以說明形體之全否，並不能限制一
個人是否與道合和。例如在＜德充符＞中被孔子稱爲「聖人」的
王駘，便是一位形體殘缺者，但並不礙於他成爲聖人 ㉑。《荀子
》＜非相＞中所描述的古代聖人皆惡形怪狀，而桀、紂兩位古代

的暴君，却是「長巨姣美……筋力越勁」。其目的不在強調古代偉人的形體怪異，而在於說明：「長短大小美惡形相豈論也哉？」若比對《荀子》和漢代以降的書，其中所描述的怪相亦多不相同（見表3）。再把《荀子》和成書約略同時的《晏子》相比，兩者所描述的湯和伊尹的相貌也不一樣❶。這點說明了，至少在戰國末年對這些古聖人的形象看法並不一致，而且似乎也未將形體上的表徵視爲是古聖人天生的瑞徵。但至《淮南子》＜脩務訓＞時，則將他們的異形和這些聖人的特質和行事相連，認爲這些身體上的特徵有助於他們成爲各具特長的聖人。此後聖人形象大體與《淮南子》所描述者相同（見表3）。古聖人的形象至此方才確立。與《淮南子》約略同時的《春秋繁露》更將這些身體上的特徵認爲是「性命形乎先祖……天道各以其類動」❶，是各代質文不同，而顯現在其受命祖的徵祥。到了西、東漢之際，各式各樣的緯讖爲了證明皇帝天縱聖明，特別強調歷代聖人的形體特徵，以說明他們與衆不同。他們之所以能爬上社會流動的頂峰，是早已注定了。即使是望陽這種惡相，只要是長在像武王這樣的聖人身上，亦成佳應。在讖緯思想中，聖人異表的意義只在強調聖人統治天下之正當性與必然性。即令是反對讖緯說的桓譚都無法逃脫這種時代風氣的影響。桓譚云：「聖人天然之姿，所以絕人遠者。」❶認爲帝王當是聖人，且非聖人不能受命的《白虎通》亦云：「聖人所以能獨見前睹，與神通精者，蓋皆天所生也。」❶聖人之所以有獨通天地的本事，有特異之形象，正是因爲他是天縱以調理群生之人。《宋書》＜符瑞志＞云：

夫體睿窮，含靈獨秀，謂之聖人。所以能君四海而役萬物
，使動植之類，莫不各得其所。……性識殊品，蓋有愚暴
之理存焉。見聖人利天下，謂天下可以為利；見萬物之歸
聖人，謂之利萬物。力爭之徒，至以逐鹿方之，亂臣賊子
，所以多於世也。⑮

聖人之體貌異於常人正是其符瑞之徵，與之爭鋒不止枉然，徒成
亂臣賊子而已。面對受命於天，體貌迴異的聖人，一般人只有當
順民的份了。

　　前文提及，聖人可指君王及其臣輔，至於被漢人視為「素王
」的孔子，漢代的讖緯家亦為他構設了個「素王朝」。在這個王
朝中，仲尼當王，顏淵為司徒，子路為司空，左丘明為素臣⑮。
而朝中的大臣也都個個頭角崢嶸：

仲弓鉤文在手，是謂知始。宰我手握戶，是謂守道。子游
手握文雅，是謂敏士。公治長手握輔，是謂習道。子夏手
握正，是謂受相。公伯周手握直期，是謂疾惡。澹臺滅明
歧掌，是謂正直。樊遲山額，有若月形，反宇陷額，是謂
和喜。孔子胸應矩，是謂儀古。顏淵山庭日角，曾子珠衡
犀角，子貢山庭斗繞口。（　魏·宋均注：謂面有山庭，言
山在中，鼻高有異相也。　）故子貢至孝，顏淵至仁也。南
容井口。大公大夫鼻有伏藏。⑯

孔門在讖緯家筆下成了怪人學園。這些弟子未必皆在聖人之列，然而其相之怪奇與名列聖人者不相上下。此實託孔聖之福，而得聖人之一體。就像是豐沛子弟皆依漢高而多貴相⑱。《春秋佐助期》中蕭何之異相亦可如此了解⑲。

「聖人不相」的概念似乎也影響了漢人對於形貌美醜的態度。《後漢書》＜周燮傳＞云：

> 周燮生而欽頤折頞，醜狀駭人。其母欲棄之，其父不聽。曰：「吾聞賢聖多有異貌。與我宗者，乃此兒也。」於是養之。（李賢注：欽頤，曲頜也。《說文》：「頞，鼻莖也。」折亦曲也。……伏羲牛首，女媧蛇軀，皋陶鳥喙，孔子牛唇，是聖賢異貌也。）

周燮之母棄周燮於不顧，此對一初生之嬰兒而言，無異殺之。睡虎地秦簡中對於殺子有這樣的規定：

> 擅殺子，黥為城旦舂，其子新生而有怪物其身及不全而殺之，勿罪。⑳

依這條法律，前文所談的「不相」之人，在初生之時可能便已遭殃。漢法多有襲秦之處，這條律法或許也被保留在漢代的法律中。周燮生而醜狀駭人，也許已達到被視為怪異在身的程度，故其母棄之，但周燮之父却未以法律的原因勸其母勿棄子，而以「聖人多有異貌」為由勸其母保留周燮，可見「聖人不相」的概念在

東漢末年可能已相當普及。

「聖人不相」雖不是當時相人術傳統中的概念，但在日後的相書中卻將這一概念吸收，融入相人術的傳統中。許多平常所見的動物成爲佳相可能即由此而來。《長短經》〈察相〉云「似牛者，爲宰輔；似馬者，爲武吏；似狗者，有清官，爲方伯」，可視爲是「聖人不相」這一概念的變形。對此唐代的皮日休亦有所批評：

> 今之相工言人相者必曰「某相類龍，某相類鳳，某相類牛馬，某至公侯，某至卿相」，是其相類禽獸則富貴也。噫！立形於天地，分性於萬物，其貴者不過人乎！人有真人形而賤貧，類禽獸而富貴哉？⑮

似龍似鳳猶有可說，似牛似馬而爲公侯，令人情何以堪？難怪皮日休對此感到不滿。除了以日常動物爲善相可看出「聖人不相」這一概念保留在相人術傳統外，在《神相全編》〈相分七字法〉中更是將例代聖人、偉人之相分類，以爲各種相之標準人⑯。不相之聖人，至此成爲相法之一。

「聖人不相」這個概念雖然不來自相人術傳統，但卻與相人術有類似的功能。「聖人不相」說明在精神上、形體上與社會地位上異於常人的聖人是天生自然，不是後天習得，亦非人力所能抗衡，而相人術亦大體以類似的模式解釋何以某些人能在社會流動中爬昇到高峰。這在下一章中將作更詳細的分析。

第四節　小　結

　　在漢人的知識分類裡，相人術屬於形法家。與相人術同在一起的，還有《山海經》、《國朝》、《宮宅地形》等相書。《山海經》所以和相書為類，除了和某些已失傳的卜法有關外，從漢人對於《山海經》著成的傳說中，可知漢人將天地萬物與人類比，認為天地萬物皆有形可相。欲相天地萬物，必須有與天地萬物相應之分類架構。起自戰國末年陰陽五行的分類系統便是一項含括天地的分類架構，人亦可以此分類而卜其吉凶。本章第二節蒐集了魏晉以前的相例以勾勒漢代相人術之梗概。大體上漢代相法以臉方而豐腴，大口，高鼻，眼精有神，手脚深細明直，身體長大，且各部位皆均衡為上相。但流傳於漢代有關古聖人相的記載却與本文所擬測的相法有異。是以本文便從形貌的角度探討了中國思想史上一個重要的觀念——聖人。「聖人不相」這一概念並非來自相人術傳統，而是戰國末年至漢代的學者在描繪他們心目中完美的領導人物時所產生的一個問題。在這些學者的描繪中，聖人具有特異的精神狀態，並且能超脫形體上的束縛。因此，聖人不須在形體上合於一般流俗的觀念。但這一概念在漢代學者的描繪下，形體却成了聖人異於常人的表徵之一。尤其到了讖緯思想大行之時，聖人形體上的怪異却成了讖緯合理化統治者的手段之一。聖人的異表證明了統治者命定該治理天下——因為他自生即異於常人。

　　「聖人不相」這個概念雖不來自相人術傳統，但後來也成了

相人術中的一種相法。從相人術的角度看來，在社會中成為領導階層的人，似乎都天生與人不同。這在下一章分析漢代被相者的歷史資料時可以看得更清楚。

註　釋

❶　《漢書》，〈藝文志〉，頁1774-5。

❷　呂思勉先生認爲漢人將占相之術推之於六畜器物，於理不可通。但從今日之考古材料看來，相狗、相馬、相刀劍等占相之道，所注意的重點在於從外表看出六畜、器物的優劣。這些知識，即使在今天，亦難以無稽視之。但這些占相之術也確有占卜吉凶的成份。如善相馬的朱建平便能預知馬之死日，又如居延所見之相刀劍冊，亦有言及吉凶之文；惜其文脫略。（見呂思勉：《秦漢史》〔台北：台灣開明書店，1983，六版〕，頁802。《三國志》，〈方技·朱建平傳〉，頁810。薛英群：〈居延新簡官文書選釋〉下，《甘肅社會科學院學報》，〈社會科學〉，1986-5，頁118-9。）

❸　如鄭樵《通志》的〈校讎略〉、焦竑《國史經籍志》中的〈糾繆〉、章學誠《校讎通義》內篇二、三，都是討論《漢書》〈藝文志〉的專文。

❹　《校讎通義》，內篇二，〈補校漢書藝文志第十〉（台北：華世出版事業公司，1980），頁577。

❺　焦竑：《國史經籍志》，收入《明史藝文志廣編》（台北：世界書局，1963），頁1184。

❻　《校讎通義》，內篇二，〈焦竑誤校漢志第十二〉，頁586。

❼　事實上班固在我國地理史上的地位相當重要。《漢書》〈地理志〉開後世沿革地理之始，爲後世的地理學立下了研究的大方向，要到明代，地理學才開始以實證爲新的研究取向。（有關中國地理學史的發展，見曹婉如：〈中國古代地理學史的幾個問題〉，《自然科學史研究》，卷一，第三期，1982，頁242-50。）

❽ 《校讎通義》，內篇二，〈補校漢書藝文志第十〉，頁 577 。

❾ 沈雁冰（玄珠）：《中國神話研究》，收入《中國古代神話》（台北：里仁書局，1982 ），頁 1-2 。胡應麟在《少室山房筆叢》云：「《山海經》，古今語怪之祖。……余嘗疑戰國好奇之士，本《穆天子傳》之文而侈大博極之，雜以《汲冢》、《紀年》之異同，《周書》〈王會〉之詭物，〈離騷〉〈天問〉之遐旨，《南華》、鄭固之寓言以成此書。……疑此二書皆錄〈天問〉而作。紫陽已先得矣。」胡應麟謂其意見朱子已先發之，則疑《山海經》非地理書當以朱子爲先。另一位研究歷史地理的學者鄭德坤，其意見與所徵引的文獻與沈雁冰幾全相同，此處不再討論。（鄭文見《中國歷史地理論文集》，〈山海經及其神話〉〔台北：聯經出版事業公司，1981 〕，頁 2-4 。）

❿ 畢沅：〈山海經古今本篇目考〉，收入《山海經》（台北：啓業書局，1977 ），頁 7 。

⓫ 畢沅：〈山海經古今本篇目考〉，收入《山海經》，頁 5 。

⓬ 日・安井衡：《管子纂詁》，卷十，〈地圖〉（台北：河洛書局，1976 ），頁 12 。

⓭ 《史記會注考證》，〈大宛傳・贊〉，頁 1315-6 。

⓮ 《漢書》，〈張騫李廣利傳〉，頁 2705 。《論衡校釋》，〈談天〉，頁 482 。

⓯ 陳振孫：《直齋書錄解題》（京都：中文出版社，1978 ），頁 558 。

⓰ 《後漢書》，〈循吏・王景傳〉，頁 2465 。

⓱ 劉歆：〈上山海經表〉，收入袁珂：《山海經校注》，〈附錄〉（台北：里仁書局，1982 ），頁 477 。

⓲ 趙曄：《吳越春秋》，〈越王無余外傳〉，頁 127-128 。

⓳ 魯迅：《中國小說史略》（翻印本改名爲《校訂本中國小說史》

）（無出版地：崇文堂，原出版日期1924），頁24。

⑳　袁珂：＜山海經寫作的時地及篇目考＞，收入《山海經校注》，頁508。

㉑　畢沅：＜山海經新校正序＞，收入《山海經》，頁1。

㉒　郝懿行：《山海經箋》，＜敍＞（台北：藝文印書館，1974），頁603。

㉓　《詩經》，＜周頌‧般＞（《十三經注疏》本；台北：藝文出版社，1979），頁755。

㉔　如＜五藏山經＞中除＜東山經＞外其餘皆言及其神之形狀及祀典。＜東山經＞之例外可能是由於缺文所致。

㉕　王景本人即是一位方術背景極強的循吏。他認爲：「《六經》所載，皆有卜筮；作事擧止，質於蓍龜。」（《後漢書》，＜循吏‧王景傳＞，頁2466。）

㉖　朱天順：《中國古代宗教初探》（台北：谷風出版社，1986），頁122-5。

㉗　Riccardo Fracasso, Teratoscopy or Divination by Monsters: Being a Study on the Wu-tsang Shang-ching, 《漢學研究》，第一卷，第二期，頁673-5。

㉘　《呂氏春秋集解》，＜有始＞，頁659。

㉙　《潛夫論箋》，＜相列＞，頁312。

㉚　蘇輿：《春秋繁露義證》，＜人副天數＞（台北：河洛出版社，1975），頁251上－2上。 盤古的神話雖起源較晩，亦可說明人體和山川萬物間的關係：「首生盤古，垂死化身。氣成風雲，聲爲雷霆，左眼爲日，右眼爲月，四肢五體爲四極五獄，血液爲江河，筋脈爲地理，肌肉爲田土，髮髭爲星辰，皮毛爲草木，齒骨爲金石，精髓爲珠玉，汗流爲雨澤。身之諸蟲，因風所感，化爲黎甿。」盤古一身化爲山川萬物的神話，暗喻了人與山川

萬物間的連續性。（盤古神話見徐整：《五運曆紀》，收入馬驌：《繹史》，卷一（台北，廣文書局，1969），頁2上。又，《淮南子》亦有類似的說法。見《淮南鴻烈解》，卷七，＜精神訓＞，頁1-4。）

㉛ 有關中國文明連續性的特質見張光直：《考古學專題六講》（北京：文物出版社，1986），頁4-13。

㉜ 范寧：《博物志校證》（台北：明文書局，1981），頁10。

㉝ 以各動物比喻人之相貌者見《神相全編》，卷三、卷九，頁8-34，22-46。面部九州圖見《敦煌寶藏》，伯3390，頁135；又見《神相全編》，卷九，頁25-28。五嶽、四瀆則見卷二，頁16。參考附圖2。

㉞ 王利器：《新語校注》，＜道基＞（台北：明文書局，1987），頁5。

㉟ 王先謙：《漢書補注》，＜藝文志＞（台北：新文豐出版公司，1975），頁885。

㊱ Emile Durkhelm and Marcel Mauss, Rodney Needham tr. Primitive Classification. Chicago. The Univ. of Chicago Press. 1963. P.77.

㊲ 《黃帝四經》，＜稱＞（台北：天士出版社，1982），頁321-2。

㊳ 蘇輿：《春秋繁露義證》，＜陽尊陰卑＞，頁228。

㊴ 如《神相全編》卷九便有專論女相的章節。

㊵ 《漢書》，＜循吏·黃霸傳＞，頁3635。

㊶ 《後漢書》，＜皇后紀＞上，頁400。在《後漢書》＜皇后紀＞中可看到「成湯骨法」、「日角偃月」相。此言女相，但用的卻是形容男相之辭。但此不能證明漢代男相、女相不分。從後世的相法看來，女相和男相亦常有相同的稱呼，但其解釋則有異。如

：《神相全編》卷九〈女人凶相歌〉云：「豎紋直上在天中，定
知此相多妨夫。」所言是女相。卷十〈額紋部相〉云：「天中一
紋，下至印堂，名曰柱紋，主卿監。」所言爲男相。二相所指相
同，但解釋則有異。在男爲佳相，在女則妨夫。可見，男相、女
相之別不在是否有相同的相，而是相同的相在男、女身上，解釋
不同。衡諸常情，亦頗合理。蓋男、女雖然在身體結構有異，但
相臉、相氣色或相手足等男、女，當不致有太大的分別，故不須
另立專相女人之名辭。相書中對於人臉部的分類亦只有一種（見
圖 3），可見這些名辭當是男、女通用。男相、女相所用的語辭
若有差別，恐亦只有在相乳房、陰部等特殊的部位時才會產生。

㊷ 《淮南鴻烈解》，卷四，〈墜形訓〉，頁 11-2。

㊸ 《黃帝素問靈樞經》，〈陰陽二十五人〉（《國學基本叢書》本
；台北：商務印書館，無出版日期），頁 95-6。依劉長林的考
證，今本《靈樞經》的著成年代，當在戰國或漢代。他的看法也
能獲得考古材料的支持。西漢汝陰侯墓出土的太乙九宮盤，其九
宮的名稱和各宮節氣的日數與《靈樞經》〈九宮八風篇〉完全一
致。（劉長林的考證見氏著：《內經的哲學和中醫學的方法》〔
北京：科學出版社，1982 〕，頁 25-31。九宮盤，見安徽省
文物工作隊、阜陽地區博物館、阜陽縣文化局：〈阜陽雙古堆西
漢汝陰侯墓發掘簡報〉，《文物》，1978·8 ，頁 19。）

㊹ 見《神相全編》，卷一，〈純陽相法入門〉，頁 1；〈林宗相五
德配五行〉，頁 7-10；卷五，〈神異賦〉，頁 30-1。

㊺ 除了陰陽五行的分類系統外，八卦也是漢代另一大分類系統。此
可從《易經》〈說卦傳〉略觀其概。由於八卦與相人術之間的關
係似乎不那麼密切，在此就不多加討論。（八卦之分類系統見《
易經》，〈說卦傳〉〔台北：老古出版社，1984 ，二版〕，頁
342-5。）

㊻ 《潛夫論箋》，＜相列＞，頁310。

㊼ 《潛夫論箋》，＜相列＞，頁310。

㊽ 《說文解字注》，頁89、551。

㊾ 《東觀漢記》，卷一，＜顯宗孝明皇帝＞，頁1上。

㊿ 湯之相見下節註(130)。

(51) 《國語》，＜周語＞中，頁79。

(52) 《漢書》，＜陳平傳＞，頁2038。

(53) 《說文解字注》，頁420。

(54) 《長短經》，＜察相＞，頁20。

(55) 《劉子》，＜命相＞，頁145。

(56) 傅樂成云清代取人猶有所謂「同」「田」「貫」「日」之目，所指亦方臉。（見傅樂成：《時代的追憶論文集》〔台北：時報出版公司，1984〕，頁286。）

(57) 《後漢書》，＜光武紀＞，頁2。

(58) 《後漢書》，＜皇后紀＞下，頁438。

(59) 《三國志・魏志》，＜方伎傳＞，頁827。

(60) 《漢書》，＜荆燕吳傳＞，頁1905-4。

(61) 《長短經》，＜察相＞，頁17。

(62) 《春秋左傳注》，＜文公元年＞，頁514。

(63) 「蠭目豺聲」下云商臣「忍人」，杜預謂「忍人」爲「能忍行不義」，是謂商臣乃凶殘之人。（見《左傳》〔《十三經注疏》本〕，頁299。）

(64) 《禮記集解》，＜內則＞，頁684-685。

(65) 《周禮》，《內饔》（《十三經注疏》本），頁62。

(66) 《呂氏春秋集解》，＜知士＞，頁495。

(67) 《春秋左傳注》，＜哀公十四年＞，頁1683。

(68) 《釋名》，＜釋姿容＞（台北：商務印書館，1979），頁13。

⑥ 《孔子家語》，<辨樂>（《中國子學名著集成》本，冊21 ）（台北：中國子學名著編印基金會，1978 ），頁324。

⑦ 《莊子集解》，<秋水>，頁561-2。

⑦ 《孔叢子》，<執節>，頁117。

⑦ 《長短經》，<察相>，頁18。

⑦ 《孟子》，<離婁>上（《十三經注疏》本）（台北：藝文印書館，1979 ），頁134。

⑦ 《新書》，卷八（台北：中華書局，1983 ），頁8上。

⑦ 《三國志‧魏志》，<方技傳>，頁827。

⑦ 《黃帝內經素問合纂》，<金匱眞言論>，卷一（台北：老古文化事業公司，1981 ），頁15上。

⑦ 《潛夫論箋》，<相列>，頁308。

⑦ 《急就篇》（《四部叢刊》本）（台北：商務印書館，1979 ），頁3318。

⑦ 《春秋左傳注》，<哀公十四年>，頁1683。

⑧ 《潛夫論箋》，<相列>，頁310。

⑧ 《國語》，<周語>下，頁91 。不過王符此處所引之例與《神相全編》卷四<相行編>所談的相行不大相同。又單襄公自謂其觀人並無預卜天道之意。他說：「吾非瞽、史，焉知天道？」單襄公之論晉厲公，是否是占相，亦不無疑義。不過，也許漢代的相書確有類似的相行步之法，故王符探以爲例。由此可見，相人之法隨時代不斷改變；且相人術亦不斷在其發展過程中，吸收各種觀察人的知識融入其傳統。

⑧ 《春秋左傳注》，<文公元年>、<宣公四年>、<昭公二十八年>，頁513 、 679 、 1493。《史記會注考證》，<秦始皇本紀>，頁114。《漢書》，<王莽傳>，頁4124。

⑧ 《潛夫論箋》，<相列>，頁310。

⑭ 有關中國人對於動物形象的概念，崔豹的≪古今注≫中記載了許多這一方面的資料，頗值得再作更進一步的分析。（見王謨輯，崔豹著：≪古今注≫〔≪漢魏叢書≫本〕〔台北：大化出版社，1983 〕，頁 3019-24 。）

⑮ ≪潛夫論箋≫，＜相列＞，頁 310 。

⑯ ≪論衡校釋≫，＜自紀＞，頁 1187 。

⑰ ≪逸周書≫，＜太子晉＞，頁 144 。

⑱ ≪漢書≫，＜李陵傳＞，頁 2455 。

⑲ ≪潛夫論箋≫，＜相列＞，頁 314 。

⑳ ≪長短經≫，＜察相＞，頁 18 。≪白虎通≫亦有類似王相之說，但未若此之詳。（見≪白虎通義≫，＜五行＞，頁 62-4 。）

㉑ ≪呂氏春秋≫，＜達鬱＞，頁 1375 。≪漢書≫，＜武五子傳＞，頁 2767 。≪東觀漢紀≫，卷六，＜明德馬皇后＞，頁 1 上。≪東觀漢記≫，卷一，＜顯宗孝明皇帝＞，頁 1 上。薛英群：＜居延新簡官文書選釋＞上，收入甘肅省社會科學院：≪社會科學學報≫，1986·4 ，頁 67 。

㉒ ≪黃帝內經素問合纂≫，卷二，＜五藏生成篇＞（台北：老古文化事業公司，1981 ），頁 5 上。

㉓ 林愼菴：≪四診抉微≫，＜面部形色諸證之圖＞（見圖 4 ）（台北：泰華堂出版社，1979 ），頁 52。不過其所述的部位與相書中所載有些差異。

㉔ ≪神相全編≫，卷一，頁 25-7 。

㉕ ≪史記會注考證≫，＜蔡澤傳＞，頁 980 。

㉖ ≪呂氏春秋集解≫，＜達鬱＞，頁 1382 ，註 40引。

㉗ ≪史記會注考證≫，＜蔡澤傳＞，頁 980 。

㉘ 揚雄：＜解嘲＞，收入≪增補六臣註文選≫（台北：華正書局，1981 ），頁 841 。

⑨ ≪論衡校釋≫，＜骨相＞，頁 114-5。

⑩ ≪潛夫論箋≫，＜相列＞，頁 311。

⑩ 庾信：≪蔡澤就唐生相贊≫，收入明·張溥輯：≪漢魏六朝百三名家集≫，＜庾開府集＞（台北：文津出版社，1979），頁 4779。

⑩ ≪史記會注考證≫，＜蔡澤傳＞，頁 980。案：此條≪史記正義≫不見於今本之≪史記≫三家注，僅存於瀧川資言所注之版本。

⑩ ≪神相全編≫中收有＜唐舉相神器＞、＜唐舉玄談神妙訣＞。≪宋史≫＜藝文志＞收有唐舉著≪肉眼通神論≫三卷。焦竑所著的≪國史經籍志≫中收有≪唐舉相顯骨法≫一卷。從後人假唐舉之名著了許多相書，足見唐舉在看相這一行中的地位甚高。

⑩ ≪春秋左傳注≫，＜僖公二十二年＞，頁 407。≪國語≫，＜晉語＞四，頁 346。

⑩ ≪春秋左傳注≫，＜宣公十七年＞，頁 772。

⑩ 即齊晉鞍之戰。（見≪春秋左傳注≫，＜成公二年＞，頁 789-99。）

⑩ ≪國語≫，＜晉語＞五，頁 400。

⑩ ≪穀梁傳≫，＜成公元年＞，頁 128-9。

⑩ ≪晏子春秋集釋≫，內篇，＜雜＞下，頁 389。

⑩ ≪春秋左傳注≫，＜僖公二十一年＞，頁 390。

⑪ ≪國語≫，＜晉語＞四，頁 387。

⑪ ≪春秋左傳注≫，＜僖公二十八年＞，頁 1496。

⑪ ≪史記會注考證≫，＜仲尼弟子列傳＞，頁 885。

⑪ 孫詒讓：≪定本墨子閒詁≫，＜尚賢＞中（台北：世界書局，1982，11 版），頁 32-3。

⑪ ≪戰國策≫，齊一（台北：里仁書局，1982），頁 324。列精子高之事見≪呂氏春秋集解≫，＜達鬱＞，頁 1374。≪左傳

≫＜昭公二十八年＞：叔向母曰：「吾聞之：『甚美必有甚惡。
』」這只是說明美人不見得有行，並未否認美的重要性，亦不能
以此肯定醜人善於美人。更何況這句話勸說的意味頗濃，不能以
此便說春秋時人不重容貌之美醜。

⑯ ≪漢書≫，＜韓信傳＞，頁1861；＜張蒼傳＞，頁2093。關
於漢人對於容貌美醜的看法，將在下一章做更詳細的說明。

⑰ 思想家的想法常會與社會流行的觀念相違。如莊子就不很重視容
貌，而求脫離形骸限制之逍遙。≪人間世≫裡的支離疏便是最好
的說明。

⑱ 荀子雖未稱他所舉的人物為「聖人」，但如堯、舜、皋陶、禹、
伊尹、文王、周公、孔子在當時與其後都已被視為聖人。

⑲ ≪論衡校釋≫，＜骨相＞，頁104。

⑳ 李孝定：≪甲骨文字集釋≫，第九、第十二（台北：中央研究院
歷史語言研究所，1965），頁2952-2，3519。

㉑ 周法高：≪金文詁林≫，冊三（京都：中文出版社，1981），
頁1727。

㉒ 丁福保：≪說文解字詁林≫，第九冊（台北：鼎文書局，1977
），頁7761。

㉓ ≪說文解字詁林≫，頁7762。

㉔ ≪論語≫，＜子罕＞（≪十三經注疏≫本），頁78。

㉕ ≪說文解字詁林≫，第九冊，頁7762。

㉖ ≪春秋左傳注≫，＜襄公二十二年＞，1065。

㉗ 聖女之稱見≪列女傳≫，＜辯通・齊宿瘤女＞（台北：廣文書局
，1979），頁128。而西漢末年最具權勢的元后，在讖文中
亦被稱為「聖女」。（見≪漢書≫，＜元后傳＞，頁4014。）
「聖儒」之稱見≪史記會注考證≫，＜扁鵲倉公列傳＞，頁1156
。「聖童」之稱見≪後漢書≫，＜張堪傳＞，頁1100；＜循吏

・任延傳＞，頁2460。

⑫ ≪周禮≫，＜大司徒＞，頁160。龐樸：＜帛書五行篇校注＞，收入≪文史集林≫，第二冊（台北：木鐸出版社，1980），頁69，71-2。

⑫ 邢義田：＜秦漢皇帝與聖人＞，注三，收入：≪陶希聖先生九秩榮慶祝壽論文集——國史釋論≫，下冊（台北：食貨出版社，1988），頁389。

⑬ ≪白虎通義疏證≫，＜聖人＞，頁111。

⑬ ≪韓詩外傳≫，卷三，頁484。

⑬ ≪春秋繁露義證≫，＜郊語＞，頁280上。

⑬ ≪呂氏春秋校釋≫，＜長知＞，頁604。

⑬ ≪新語校注≫，頁9、17、18。

⑬ ≪新語校注≫，頁9、17、18。

⑬ 又見秦家懿：＜聖在中國思想史內的多重意義＞，收入≪清華學報≫，第十七卷，第一、二期合刊，1985年12月。

⑬ 陳奇猷：≪韓非子集解≫，＜五蠹＞，頁1040。

⑬ Benjamin I. Schwartz, *The World of Thought in Ancient China.* Mass. Harvard Univ. Press, 1985, p.287.

⑬ ≪荀子集解≫，＜臣道＞，頁165。

⑭ ≪晏子春秋集釋≫，外篇（台北：鼎文書局，1977），頁503-4。≪韓非子集釋≫，＜問田＞，頁901。

⑭ ≪白虎通義疏證≫，＜號＞，頁15。

⑭ ≪白虎通義疏證≫，＜聖人＞，頁112。

⑭ 漢代聖人的名單可見於≪漢書≫，＜古今人表＞；≪白虎通義疏證≫，＜聖人＞；≪論衡校釋≫，＜骨相＞。≪論衡≫之聖人少了伏羲、神農。至於＜古今人表＞和≪白虎通≫間的同異，見邢

義田：前引文，頁398-401。

⑭ 邢義田：前引文，394-8。蕭璠先生對於邢先生的看法並不全然
同意。他舉出了許多漢人稱皇帝爲聖人的例證。他認爲∟聖人┐
之所以用來阿諛皇帝，是因爲在戰國、秦漢人的論述中，常以聖
人作爲完美統治者的形象。不過以「聖人」爲皇帝的別名或同義
辭，恐怕是有問題的論斷。這一點邢先生已經指出。（見蕭璠：
＜皇帝的聖人化及其意義＞（未刊稿），頁3-9。）又，對於「
聖人」一辭的意義，蕭文亦有考證。（見頁10-7。）

⑭ ≪莊子集解≫，＜徐无鬼＞，頁845。≪孟子≫，＜盡心＞下，
頁935。

⑭ ≪管子纂詁≫，卷一，＜乘馬＞，頁41。

⑭ ≪易經≫，＜繫辭＞下，頁313。參見呂思勉：≪讀史札記≫，
＜聖人之大寶曰位＞條（台北：木鐸出版社，1983），頁439
-40。

⑭ 朱師轍：≪商君書解詁≫，＜弱民＞（台北：鼎文書局，1979
），頁78。

⑭ 蕭璠：前引文，頁15-6。

⑮ 邢義田：前引文，頁399。

⑮ ≪莊子集釋≫，＜德充符＞，頁187-93。

⑮ ≪晏子春秋集釋≫，內篇，＜諫＞上，頁60。≪荀子≫云：「
伊尹之狀，面無須麋……湯偏……。」意謂伊尹無須眉，而湯半
體枯（高亨謂當是跛足之狀）。（見氏著：＜荀子新箋＞，收入
≪中國古代哲學論叢≫〔台北：帛書出版社，1985〕，頁
102。）而晏子所描述的湯和伊尹卻甚不相同：「湯質皙而長，
顏以髯，兌上而豐下，倨身而揚聲……伊尹墨而短，蓬而髯，豐
上而兌下，僂身而下聲。」至於≪晏子≫一書的年代，此處採取
梁啓超的說法，定在戰國末至漢初。（梁說見≪晏子春秋集釋≫

，頁631。）

⑬ ≪春秋繁露義證≫，＜三代質文改制＞，頁149上－下。

⑭ 桓譚：≪新論≫，收入嚴可均輯：≪全後漢文≫，頁544。

⑮ ≪白虎通義疏證≫，＜聖人＞，頁113。

⑯ ≪宋書≫，＜符瑞志＞（台北：鼎文書局，1980），頁759
。

⑰ ≪玉函山房輯佚書≫，＜論語摘輔象＞，頁2299。

⑱ ≪玉函山房輯佚書≫，＜論語摘輔象＞，頁2299。

⑲ ≪論衡校釋≫，＜命義＞，頁42。

⑳ ≪玉函山房輯佚書≫，＜春秋佐助期＞，頁2202。

㉑ ≪睡虎地秦墓竹簡≫，＜法律答問＞（台北：里仁出版社，
1981），頁452。

㉒ 皮日休：≪皮子文藪≫，＜相解＞（≪四部叢刊≫本，第三七冊
）（台北：商務印書館，1979），頁42。

㉓ ≪神相全編≫卷四＜相分七字法＞中將相分為「清」「古」「秀
」「怪」「端」「異」「嫩」七類。其中「古」相有「孔子面如
濛淇，闊夭面無見膚」。「異」相則有「堯眉八彩，舜目重瞳，
大禹三漏，文王四乳，倉頡四目」，「嫩」相則有「顏淵山庭日
角」。（見該書，頁29-30。）

第四章

漢代看相行爲的考察(1)
—被相者

　　以下兩章從看相這一社會行爲，來討論漢代相人術的運作情形。本章討論被相者。本文之討論自始即與被相者有關，本章只打算從社會流動的觀點，選取漢代社會地位最高的群體，皇帝、皇后和西漢的丞相三組樣本，作更深入的分析。他們是漢代社會中最高的統治階層，亦是相人術史料所記載的主要對象。本文以被相者日後的社會地位來區分這三組人，而不以其原來的出身。這種區分方式可以看出：一、漢人對這些社會流動中的勝利者持何種態度；二、漢代社會流動管道中有那些和形貌相關的因素，使相人術用之於窺探人的命運成爲可能。因此，與其說本章是在討論社會流動與相之間的因果關係，不如說是在對於相人術用於解說人的社會流動如何可能，做一番背景上的說明。但這並不意含漢代只有這些群體才和相人術有關，事實上漢代相人術當已流行於社會各階層。關於其他被相者的資料，將在下章討論。

第一節　皇帝與相

　　漢代社會流動的最高層當屬皇帝，但皇帝的位置不是在正常的社會流動中可以時常達到的，只有在原先的政治秩序崩解時才有向上流動到皇帝的機會，大體說來只有開國君主和末代皇帝才

有社會流動可言。兩漢的皇帝中和看相有關的只有兩位開國君主。尤其漢高祖從一介平民起家，推翻了第一個統一帝國——秦，其傳奇性更是常留在漢人的記憶中。根據《史記》的記載，劉邦的長相是：

> 高祖為人隆準而龍顏，美須髯，左股有七十二黑子。❶

劉邦長得像龍是因為他有龍的遺傳：

> 母媼嘗息大澤之陂，夢與神遇。是時雷電晦冥，父太公往視，則見交龍於上。已而有身，遂產高祖。❷

龍是四靈之一，漢人向視為瑞應。龍顏，據文穎說是「長頸而高鼻」❸，但龍的真正長相如何，却不見得有人看過。這與聖人不相的原則頗有類似之處❹。把漢朝的開國君主的長相以龍來描繪，正可加強他的神聖性和神秘性❺。劉邦非人之交合所生，而是其母與祥瑞之物交合的結果，正與《詩經》記載商周之受命祖相符，更是劉邦獲天福佑之明證。褚少孫在與人談論契、后稷皆無父而生時云：

> 《詩》言契生於卵，后稷人迹者，欲見其有天命精誠之意耳。……天命難言，非聖人莫能見……夫布衣匹夫，安能無故而起，王天下乎？其有天命然？❻

褚少孫認為若不是有天命，區區布衣根本不可能君臨天下。契與后稷之感生，正是其有天命之應。以此類推，劉邦不也一樣？然而劉邦之所以像龍，而不是其他的動物，與其姓劉有關。以龍來比喻帝王並不始自劉邦，中國第一位皇帝秦始皇便被稱為「祖龍」❼。但他却長得一點也不像龍，倒像是一群凶殘動物的化身。和秦始皇相較，劉邦之所以像龍就更值得追究了。根據《左傳》的記載，劉氏的老祖宗劉累便是以「擾龍」起家❽。姓劉的與龍的淵源如此之深，無怪乎漢人會以龍來形容他們的開國君主。而劉邦的龍相，竟成為日後相書中帝王相的淵源❾。

若再細究兩漢史料中有關龍顏的記載，還可發現一有趣的現象：「龍顏」的記載以讖緯出現最多❿。讖緯的功能在於以神秘化的手法為統治者提供合法性的理據，那麼，屬龍是否是東漢人在讖緯思想的影響下為《史記》動過「手脚」？此一推想並非沒有根據。第一、《史記》在漢人的眼中一向被視為謗書⓫，很可能當初司馬遷著史時並未如此神化漢朝的開國者，但東漢人為了強調其政權之法統乃刻意塗飾其開國者。第二、在《史記》〈高祖本紀〉中頗有後人改纂之跡。漢高祖斬白蛇起義之事，謂高祖為赤帝子，這合於東漢人的五行系統⓬，但與漢初認為漢為水德的想法不合⓭。徵諸讖緯書，更加深了上述推想的可靠性。《史記正義》云：

《河圖》云：「帝劉季口角戴勝，斗胸，龜背，龍股，長七尺八寸。」《合誠圖》云：「赤帝體為朱鳥，其表龍顏，多黑子。」按：左，陽也。七十二黑子者，赤帝七十二

日之數也。木火土金水，各居一方。正歲三百六十日，四
方分之，各得九十日。土居中央，並索四季，和十八日，
俱成七十二日。故高祖七十二黑子者，應火德七十二日之
徵也。⑱

從張守節所引的緯書和他的案語，可以看出，劉邦之長相似乎純
是爲了使他合於火德之運而設計。雖然上述之推論終究缺少直接
證據。但讖緯與相人術之間的關係密切，由此可見。

龍旣不是日常生活可見之物，要視得這尾「眞龍」可眞得要
具慧眼。而相人無數的呂公便有這般眼力：

呂公者，好相人。見高祖狀貌，因重敬之，引入坐上坐。
……呂公曰：「臣少好相人，相人多矣，無如季相，願季
自愛。臣有息女，願爲箕帚妾。」酒罷，呂媼怒呂公曰：
「公始常欲奇此女，與貴人。沛令善公，求之不與，何自
妄許劉季？」呂公曰：「此非兒女子所知。」⑮

當時常與劉邦在一起的同僚似乎還無人能看出劉邦能成大器。例
如與劉邦相善的蕭何便謂：「劉季固多大言，少成事。」⑯然而
隻眼獨具的呂公，一眼便看出劉邦不是尋常人物。他不顧呂媼的
反對，決意把女兒嫁給劉邦。這恐怕是首次有人如此器重當時身
爲小亭長的劉邦，而理由竟是因爲他的相貌。劉邦對此飛來豔福
及呂公的話持何態度，想必相當有趣；可惜史料失載。不過下面
一件事倒爲吾人提供了一些線索：

高祖嘗告歸之田。呂后與兩子居田中，有一老父過請飲。
呂后因餔之。老父相后曰：「夫人天下貴人也。」令相兩
子。見孝惠帝，曰：「夫人所以貴者，乃此男也。」相魯
元公主。亦皆貴。老父已去，高祖適從旁舍來，呂后具言
：「客有過，相我母子，皆大貴。」高祖問，曰：「未遠
。」乃追及，問老父。老父曰：「鄉者夫人兒子皆以君，
君相貴不可言。」高祖謝曰：「誠如老父言，不敢忘德。
」及高祖貴，遂不知老父處。❼

這次是一位不知名的老父為呂后和其子女看相。劉邦得知此事後
，便立刻趕去證實呂公以前為他看相的可靠性。從劉邦的反應可
以猜想他對呂公的話似乎在疑似之間。不過這次劉邦似乎真的相
信他以後將會大貴，因而此後每有關於他的瑞應時，便私下心喜
。根據《漢書》的記載，劉邦斬殺白蛇後，其同夥有見一老嫗夜
哭。該人問之，嫗告以赤帝子殺其子。此人又將此事告知剛自睡
夢中醒來的劉邦。此時劉邦的反應是：「心獨喜，自負。」再者
，呂后告訴他頭上常有雲氣，「高祖又喜」❽。在劉邦的個案裡
，相人術為劉邦向上爬昇的念頭提供了合理性的心理基礎。對漢
人而言，劉邦的相則為他們證明了他之所以得天下，乃「天所授
，非人力也」❾。在此，相人術扮演著為漢代的皇帝塗飾一層神
聖性色彩的功能。漢人刻意從體相的角度去神聖化他們的皇帝，
還可從漢宣帝身上見到。

　　宣帝的出身在西漢皇室算是相當特殊，而且也具有相當的傳
奇色彩。宣帝雖是武帝之曾孫，但因巫蠱之禍的緣故，自幼長在

民間❷。對於這位歷經千辛萬苦，且幾乎數度送命的漢宣帝，《漢書》記載著他全身長著奇異的毛：

> 曾孫（即宣帝）……身、足下有毛，臥居數有光燿。❷

宣帝不只全身有毛，且臥居之時還會發光。和高祖一樣，每次他光臨的店，一定生意大好❷。這些神異的記載，其用意無非在說明宣帝之得天下早已是天所注定。從東漢史臣對於光武帝相貌的記載中，更清楚地說明了相人術裝扮帝王神聖性的功能，及其和讖緯的關係。

《東觀漢記》〈世祖光武皇帝紀〉末，東漢史臣有如下的記載：

> 漢以炎精布耀，或幽而光。帝旣有仁聖之明，氣勢形體天然之姿，固非人之敵。❷

從東漢史臣的記載中看來，他們認爲光武之中興漢室及光武個人之聖明，早就體現在其形體上。據《東觀漢記》的記載，光武的相貌是：

> 隆準，日角，大口，美鬚眉，長七尺三寸。❷

這段描述最引人注意的是「日角」一辭。「日角」是今日所能見到相人術最早的專門術語。不過今日所能見到的相書中所謂的「

日角」和這裡所謂的「日角」，似乎有些不同。《神相全編》中所謂的日角指的是天庭右邊的位置（見附圖３），是人臉相的一個部位。《長短經》注云：「從天庭橫列至髮際，凡八名，日角位在第一。」❷但據鄭玄的說法，「日角」是一種相的稱呼。這種相的特徵在於「中庭骨起，狀如日」❷，指的似乎是相當於《神相全編》中所謂天庭的部位隆起如日，有如吾人今日所見八卦山大佛相兩眉間鼓起之狀。「日角」一語是否來自當時的相人術傳統，今已無法考察，但這一個名辭却與讖緯有密切的關係。「日角」是讖緯中形容古聖人的專有名詞之一，如形容伏羲為：

(1) 伏羲龍身牛首，渠肩、達掖、山準、日角、歲目珠衡、駿毫翁鬣、龍脣龜齒、長九尺有一寸，望之廣視之專。（《春秋緯合誠圖》）

(2) 伏羲大目、山準、日角衡而連珠。（《孝經援神契》）

而《白虎通》＜聖人＞篇又將「日角」為「日祿衡連珠」。「日角」又見於形容其他聖人。如稱赤帝（即堯）「龍顏日角」，稱黃帝「日角龍顏」；孔門的顏淵也有「山庭日角」之相❷。從前章所論聖人的意涵，這些有日角相的人都可算是聖人——顏淵是孔門「素王朝」中的大臣。在東漢的陰陽五行系統中伏羲屬木，黃帝屬土，而堯屬火。這些屬性不同的古帝聖王都有所謂「日角」之相。看來所謂「日角」是用以形容這些古聖王生來便與眾不同。誠如朱祐所說：「……公（光武）有日角之相，此天命也。」❷帝王生就與眾不同，其得天下是天生已注定，其合法性還有

什麼可懷疑？

比較《東觀漢記》和《後漢書》對於明帝相貌的記載，東漢史臣利用讖緯說明東漢政權合法性的用心更可一覽無遺。據《後漢書》〈孝明帝紀〉對明帝相貌的記載，只很簡單地提到「帝生而豐下」，但成書於東漢的《東觀漢記》却有較詳細的記載：

> 帝生而豐下銳上，頂赤色，有似于堯世祖，以赤色名之曰「陽」。幼而聰明睿知，容貌莊麗。㉙

這段記載中直承堯是漢代帝王的始祖，也說明了漢代依五行順序當屬火德，而明帝正是皇漢這些瑞應體現的最好樣本。據讖緯的記載，赤帝堯的出身及其長相是這樣的：

> 堯母慶都有名於世，蓋火帝之女。生於斗維之野，常在三河之東。南天大雷電，有血流潤大石之中，生慶都。長大形像火帝，常有黃雲覆蓋之夢，食不飢。及年二十，寄迹伊長孺家，無夫。出觀三河之首，常若有神隨之者。有赤龍負圖出，慶都讀之，赤帝受天運。下有圖人，衣赤光，面八彩，鬚鬢長七尺二寸，兌上豐下。著曰：「赤帝起，誠天下，寶龜龍，陰風雨。」赤龍與慶都合，昏有娠，龍消不見。既乳堯，貌如圖表。及堯有知，慶都以圖予堯。㉚

讖緯的記載有類神話，而東漢的史臣竟據以著史。也許范曄覺得

這樣的記載太神了，才會動筆將合於堯相的部份刪除。從《後漢書》和《東觀漢記》的比較中可以看出，在東漢圖讖思想的流行下 ❸，讖緯之說和相人術互相滲透，共同為東漢政權做合理化的工作。

　　對於一個新的皇朝，政權合理化的工作可從兩方面進行，一方面是加強本身統治的合法性，另一方面則是醜化前朝的功績。相人術既有強化皇帝之統治乃得自天命的功能，自然也可以用來詆毀前朝的統治者。秦始皇和建立新朝的王莽在兩漢史臣筆下都變得惡形惡狀。秦始皇長的是：

> 秦王為人蜂準，長目，摯鳥肩，豺聲少恩，而虎狼心。居約易出人下，得志亦輕食人。 ❷

王莽亦一臉兇像：

> 莽為人侈口蹙頤，露眼赤精，大聲而嘶，長七尺五寸，好厚履高冠，以氂裝衣，反膺高視，瞰臨左右。是時有用方技待詔黃門者，或問以莽形貌，待詔曰：「莽，所謂鴟目虎吻，豺狼之聲者也，故能食人；亦當為人所食。」問者告之，莽誅滅待詔，而封告者。後常翳雲母屏面。 ❸

從上一章的分析來看，秦始皇和王莽幾乎是相人術傳統中標準的大惡人。為何連頗為相信相人術的王莽 ❹，當時的看相者還吝於巴結，不願給他一付聖明像？王莽和光武一樣，利用圖讖來證明

自己地位的合法性。若不是光武曾令人校定圖讖❷，相信王莽也
會是一副天縱英明相。

第二節　皇后與相

　　就社會流動而言，皇后與皇帝有些差異。一、皇后的位置，
在正常的社會流動下，可以達到。二、皇帝幾乎是孤獨的。雖然
皇帝在打天下的時候有功臣相助，但他又必須提防他們可能功高
震主；皇帝雖有宗室，但却又須預防他們尾大不掉；皇帝無法將
他的權力隨意放手給任何人。皇后則不同。要爬到皇后的位置，
除了要靠自己的本錢外，更要與其他勢力聯合，以使自己在後宮
的鬥爭中脫穎而出。而在登上后座之後，仍要有人撐持，以鞏固
自己的地位。尤其在皇帝死亡的情況下，更是如此。因此，皇后
身邊總是有一群與她互利共生的人。這群人主要是他的親戚。漢
代外家權勢之隆，史中少見❸。尤其東漢皇帝常是沖幼即位，皇
后與其外家更是成為政治運作的樞紐。在社會流動的過程中，隨
著皇帝而昇進的功臣集團通常只能維持一兩代，而且還要冒著被
皇帝猜忌的危險；而宗室則通常只是衣食租稅——在漢武帝後尤
其如此，無法眞正駐入政治運作的核心；但隨著皇后而昇進的外
戚，總是在政治運作扮演著重要的角色。皇后是其家族好運的泉
源，而皇后的福份便可在她們的相中顯現。

　　漢人的確相信好命的女子會為他們帶來好運。在漢代陰陽五
行的思想下，女子的地位永遠附屬於男子而不如男子。董仲舒云
：「丈夫雖賤，皆為陽；婦人雖貴，皆為陰。」「陽貴而陰賤，

天之制也。」❸女子後天的社會地位無法改變其天生的貴賤屬性。雖然陽尊陰卑，但「陽不得陰之助，亦不能獨成歲❸」。陰陽雖有高低之分，却又不能相離。因此雖然陽貴陰賤，但另一方面却又是「陰者陽之助」❸。男女關係在漢代陰陽五行的觀念下被解釋成女人依附男人，但又能輔助男人。「陰為陽助」的想法在黃霸的個案上表現得最為明顯：

> 始（黃）霸少為陽夏游徼，與善相人者共載出，見一婦人。相者言：「此婦人當貴；不然，相書不可用也。」霸推問之，乃鄉里巫家女也。霸即取為妻，與之終身。❹

上文中的善相人者未言黃霸是否有大富大貴之相，却告訴黃霸說他們在路上遇到的巫家女有富貴之相，而黃霸竟不顧漢代社會巫者低下的社會地位❹，毫不猶豫地娶了這位巫女。黃霸無疑希望這位有富貴相的女子能以他的好命助他在仕途上爬昇。有這種想法的人不止黃霸一個，漢初的魏豹也曾作如是想：

> 高祖薄姬，文帝母也。父，吳人。秦時與故魏王宗室女魏媼通，生薄姬。……及諸侯叛秦，魏豹立為王，而魏媼內其女於魏宮。許負相薄姬，當生天子。……豹初與漢擊楚，及聞許負言，心喜，因背漢而中立，與楚連和。漢使曹參等虜魏王豹，以其國為郡，而薄姬輸織室。❷

魏豹以為許負之言當應在他的身上，而意圖在項羽與劉邦之間陰

持兩端，以獲漁利；結果落得名敗身死。許負的話雖沒說錯，只
是魏豹並不知道許負的話並不應驗在他身上。這個案例又暗示「
陰為陽助」這一觀念的另一個面向——亦即大富貴的女子亦得有
大貴之男人才能相配。漢宣帝的許后和元帝的王后兩個例子也都
暗示出這樣的想法。這兩位皇后許婚之後，未過門之前，她們的
未婚夫都突然亡故。在漢代，這似乎是相當不吉利的事情。於是
這兩位皇后的母親請來了看相者為她們不幸的女兒看相。在得知
她們的女兒都是大貴之相後，兩位轉憂為喜的母親心下都有了打
算。元后的母親李氏送她去接受貴族教育，以便她能適應未來的
富貴生活。許后的母親則因許廣漢把自己的女兒許配給當時尚在
民間的宣帝，而和許廣漢吵了一架。她覺得她的女兒身價尚不止
此❹。將這些例子和劉邦與呂后都有大貴之相的例子結合來看，
在陰為陽助的觀念之下，還藏著福份相當的觀念。大貴之人方能
相匹，否則即使有大貴之妻，亦沒法享其佑助。王充云：

> 富貴之男，娶得富貴之妻。女亦得富貴之男。夫二相不鈞
> 而相遇，則有立死；若未相適，有豫亡之禍也。❹

王充的話可以用來解釋像許、王兩位皇后如此命貴之人，何以許
嫁後其未婚夫即死，同時也是「命運相均乃能相配」這一觀念的
最佳表白。

後宮是漢代女子社會流動的途徑之一。西漢後宮如何產生，
今已難究其詳，但有關東漢後宮之選拔則有相工參與：

> 漢法常因八月算人，遣中大夫與庭掖丞及相工，於洛陽鄉
> 中閱視良家童女。年十三以上，二十巳下，姿色端麗，合
> 法相者，載還後宮。擇視可否，乃用登御。㊵

上文只云選後宮之事在東漢的都城——洛陽鄉間舉行，這當是東
漢之制。至於西漢是否如此，范曄沒有提及㊶。相貌不僅是選拔
後宮時的重要因素，在立皇后時也是如此。東漢立皇后之儀須參
以卜筮㊷。但這似乎只是儀式上追加神意的認可而已，在未側立
之前的選擇過程中，相的因素比完全決定於機會的卜筮法要來得
重要。這可從下面這件事看出：

> 順帝欲立皇后，而貴人有寵者四人，莫知所建。議欲探籌
> ，以神定選。（胡）廣與尚書郭虔、史敞上疏諫曰：「竊
> 見詔書以立后事大，謙不自專，欲假之籌策，決疑靈神。
> 篇籍所記，祖宗典故未嘗有也。恃神任筮，既不必當賢，
> 就值其人，猶非德選。夫岐嶷形於自然，倪天必有異表。
> 宜參良家，簡求有德。德同以年，年鈞以貌。稽之典經，
> 斷之聖慮……。」……帝從之，以梁貴人良家子，定立為
> 皇后。㊸

胡廣他們認為與其以抽籤的方式，完全靠運氣來決定皇后誰屬，
不如參以人事精挑細選，更能找出合適的人選。而家世、材德、
年齡、容貌都是可以參照的標準。胡廣等人的話並非全然無理。
《後漢書》雖未從皇家的立場說明何以選拔後宮時要參以相人術

，但可想見的是除了家世等外在因素外，相人術實包含了對一個人內在的一些觀察。如《神相全編》所載，相人術可以考察婦德——尤其是一個女人是否淫蕩❹，且可用以預卜一個女人是否能育養子孫：

> （馬）太夫人……乃令相諸女。見后，驚曰：「我必為此女稱臣，貴而少子。」太夫人曰：「得無無子乎？」相者曰：「有一子，遽失。得人子力愈於自生子也。」❺

明德馬皇后之母使相者相占諸女，相者謂馬皇后少子，其母問以解除之道，相者告以藉他人子之力，比之親生有過之而無不及。從這一段對話中可以看出，漢代的相者有本事看出一個女子是否能孕育眾多的子孫。西漢末期，由於帝室香火不繼，後竟為王莽所乘，篡取帝位的歷史陰影，當會使得東漢帝室對此特加注意。所謂「姿色端麗，合法相者」，或許可從這個角度去了解。

相工既參與後宮的選拔，那麼他們的影響力有多大呢？這可從上文提及的順帝梁皇后看出：

> （梁皇后）選入掖庭。相工茅通見之，驚曰：「此所謂日角偃月，相之極貴，臣未嘗見之。」於是以為貴人。❻

梁皇后入後宮之後，由於相工的一句話，而昇登為貴人，相工對於後宮昇進之影響力可見一斑。明德馬皇后在其母自求送女入掖庭時亦云：

> 援有三女，大者十五，次者十四，小者十三，儀狀髮膚，
> 上中以上。……願下相工，簡其可否。❺

馬太夫人的話反映出，後宮的選拔，光是容貌端麗還是不夠，相
工對於該女相貌之斷定才是能否雀屏中選的關鍵。由於相貌是選
拔後宮時的一項重要因素，因此有意於藉椒房之重來增加自己政
治資源的豪家，便常有請相工來爲家中女子看相的舉動：

> 初相工蘇大遍相家人，至后，大驚曰：「此成湯之骨法也
> ，貴不可言。」室家乃竊喜而不敢傳。❸

這段記載最有趣的是鄧家的反應——他們對於此事不敢張揚。這
是因爲當時豪家勢力之消長常與其家是否有女爲皇后息息相關。
怕此事聲張出去以後，其他豪家會從中阻撓。此舉在失意的豪家
更爲明顯：

> 章德竇皇后……家旣廢壞，數呼相工問息耗。❹

竇氏在竇穆、竇勳坐事死，家道中落後，將恢復家運的希望寄託
在他們家長女身上，而他們的手段竟是請來相工問其女命相之善
惡。東漢帝室多與豪族聯姻❺，豪族藉著與帝室的婚姻來鞏固自
己所擁有的政治利益；在家勢衰落之時，亦以相同的方法來恢復
勢力。明德馬皇后和章德竇皇后都是在這樣的情形下被送入後宮
。而且這兩位皇后的家人都把希望寄託在她們的相貌上。這一現

象正反映了在東漢的後宮制度中，相貌恐怕是除了家世以外最重要的條件了。

細檢東漢皇后與相的關係還可以發現一點很有趣的現象：四位在其本紀中看相的皇后，有三位是東漢中最具權力的外家。梁氏與皇家爲婚之人數多達十一人，且有皇后二人，婚姻世代則多達四代之久。而藉著順帝梁皇后起家的梁冀是沖、質、桓三朝中最具權勢的外戚，連皇帝都怕他三分 ❻。竇氏與皇室爲婚者有七人，其中有二人是皇后，婚姻世代則多達五代。而藉著章德竇皇后起家的竇憲則是和帝時最有權力的外家。鄧氏與皇室爲婚者有五人，亦有二皇后，婚姻世代兩代。而和熹鄧皇后本人則是東漢最具權勢的皇后。她在位掌權的時間長達二十年，而鄧氏一家的族勢亦於茲爲盛 ❺。明德馬皇后之家世雖未若此之盛，但她却是挽救馬家勢於傾頹的人。從前引胡廣的話可以看出東漢立后之條件有四——即良家、有德、年齡、相貌。良家，指的往往是權門豪族，而又每與有德並稱；有德，似乎成了良家的特徵 ❺。從皇后與相的有關記載看來，好相亦爲權勢特大的良家女子所具備的特質。這正說明了這些能在東漢政局喧赫一時的大族，除了其本身原有的根基外，冥冥之中尚有佑助；而此已非人所能問的了。他們的權勢源自椒房。而胡廣不是說「倪天必有異表」嗎？老天的意旨早就顯示在這些豪門之女的體相上了。

第三節　丞相與相

丞相是西漢官僚體系的首長，僅管其權力之大小隨著皇帝而

異，但仍是官僚體系中的主要負責人。後漢取消了丞相一職而代以三公之位，但三公往往實質上的權力遠不及西漢時的丞相。西漢丞相共計四十九任（漢惠、文時置左、右丞相，各算一任），四十五人❹。據《史記》、《漢書》的記載，這四十五人中與看相有關的就有八人。若只計丞相與相貌有關的，則多達十五人，十六任。若扣掉田蚡與蔡義兩人是以劣相而爲丞相，則以美相爲丞相者所佔西漢丞相人數幾達三分之一。爲何丞相和相貌有如此密切的關係？且讓我們從＜留侯世家・贊＞開始吧。

司馬遷見到張良的畫像時似乎有些失望。他說：

> 余以爲其人計魁梧奇偉，至見其圖，狀貌如婦人好女。❺

《史記集解》引應劭曰：「魁梧，丘虛壯大之意。」亦即高大之謂。何以司馬遷心目中的張良當長得魁梧奇偉？爲何他會認爲像張良一樣偉大的人物，其形貌也必然「偉大」？司馬遷聯想的基礎何在？這是否表示漢人相信形貌與功業有一定的關係？這便是下文所要處理的問題。

司馬遷主要的活動時期在漢武一朝。若他對於張良的預想有什麼基礎的話，也當與漢武時的用人有關。漢武對於容貌壯麗者確實較有好感。漢代首位不以列侯而取相位的公孫弘便長得「容貌甚麗」。元光五年，對策第一，拜爲博士❻。武帝喜用容貌壯麗之人，在江充身上看得最清楚：

> 充爲人魁岸，容貌甚壯。帝望見而異之。謂左右曰：「燕

趙固多奇士。」既至前，問以當世政事，上說之。❷

殊不料以容貌見異於武帝的江充，卻釀成了巫蠱之禍，爲武帝帶來最大的不幸。巫蠱之禍後，以一言輕易取得相位的車千秋，也因容貌岸偉，在武帝第一次見他時便在皇上心中留下了好印象：

千秋長八尺餘，體貌甚麗，武帝見而說之。❸

以外夷來歸，後爲顧命大臣的金日磾，亦以其高頭大馬吸引了武帝的注意：

（金）日磾長八尺二寸，容貌甚嚴，馬又肥好，上異而問之，具以本狀對。上奇馬。❹

車千秋和金日磾兩人都曾以其身高吸引了武帝的注意。這也就是爲什麼東方朔在上書自薦時特別誇其身高：

臣朔年二十二，長九尺三寸，目若懸珠，齒若編貝。❺

武帝喜歡高大之人從立昭帝之事亦可略見。昭帝「始冠，長八尺二寸」，可謂高大。他小的時候大概也長得頗高。《漢書》謂他「壯大多知，上（武帝）常言『類我』」，早預立之，只是因爲其年太幼，其母太少，而猶豫不決，最後才在死前下定了決心❻。武帝以昭帝「壯大多知」而謂「類我」，其愛「長」之心可見

一斑。然而喜愛容貌端麗，身材魁梧之人並非武帝一朝的特色，
成帝時的宰相王商亦是一位形體高大之人：

> 王商……為人多質有威重，長八尺餘，身體鴻大，容貌甚
> 過絕人。河平四年，單于來朝，引見白虎殿。丞相商坐未
> 央廷中，單于前，拜謁商。商起，離席與言。單于仰視商
> 貌，大畏之，遷延卻退。天子聞而歎曰：「此真漢相矣！
> 」❻❼

王商僅憑其容貌威儀，即使匈奴單于憚畏如此，難怪成帝不禁歎
道：「此眞漢相矣！」言下之意，頗以為漢朝的第一宰輔，亦皆
應有如此之威儀才是。而事實上西漢丞相確實也多是容貌不凡者
。如：

(1) （陳）平為人長大美色。（《漢書》，＜陳平傳＞）
(2) （張）蒼……身長大，肥白如瓠。（《漢書》，＜張
    蒼傳＞）

其他如公孫弘、車千秋、王商之相貌已如前述。這些丞相最突出
的一點大概是其身高，那麼，漢代到底多高才算是長人？褚少孫
的記載正可提供吾人做參考。他引《黃帝終始傳》云：

> 漢興百有餘年，有人不短不長，出白燕之鄉，持天下之政
> 。時有嬰兒主，卻行車。❻❽

這段讖文指的是霍光。據《漢書》的記載，霍光身高七尺三寸●。這樣的身材在西漢算是「不短不長」。漢尺一尺約等於今日二十三公分●，七尺三寸約爲一六八公分，這是漢人眼中的中等身材。而八尺約爲一八四公分，這樣的身材在今天猶算長人。西漢人之重視身高可從馮勤的祖父馮偃看出：

> 馮勤……曾祖父揚，宣帝時爲弘農太守。有八子，皆爲二千石。趙魏閒榮之，號曰「萬石君」焉。兄弟形皆偉壯，唯勤祖父偃，長不滿七尺，常自恥短陋，恐子孫之似也，乃爲子伉娶長妻。●

馮偃不滿七尺，使他頗爲自卑。不滿七尺，即不滿一六一公分，可爲漢人認爲矮之標準。而馮偃怕「恥及子孫」，特爲其子娶了高個的妻子●。漢人之怕身材短小於此可見。馮偃兄弟八人皆爲二千石之高官，除馮偃身高較矮外，其餘皆形貌偉壯，亦可略見容貌和當大官之間的關連。從上引王商的資料中可知，身高體長，容貌壯偉的用意在於加強丞相的威嚴，使人見而敬畏。魏相、薛宣、王嘉這三位丞相，史書雖未言其身高，然亦皆是威儀棣棣之選●。西漢選用大官之重視容儀尙可從張敞始終不得大位見之。張敞是爲京兆尹還能久在其任的少數幾人。而且朝中大議時，亦常有建設之論。怎奈此公偏偏不拘小節，不但走馬章臺，還爲妻畫眉。後其好友蕭望之、于定國，一至御史大夫，一至丞相，而張敞始終位不過郡守。宣帝雖欣賞他，却也無法提拔他。《漢書》謂：「然無威儀，……終不得大位。」●正說明了西漢高官

之選相當重視容貌威儀。西漢官僚體系之首長人選，必須要容貌威儀並重，而且相當重視身高。難怪司馬遷見到張良竟如婦人好女之狀，要感到失望。

西漢亦有兩位貌甚「侵」的丞相。而他們之所以得為丞相，都有原因。武帝時的宰相武安侯田蚡「貌侵」。「侵」有身材短小或容貌醜惡之意❼。不論「侵」作何解，總之，田蚡之相貌並不合漢相應有的水準則無可置疑。而田蚡之所以得為丞相，來自椒房之重。他是景帝王皇后的同母弟，在景帝末年即已貴盛。至於昭帝時的丞相蔡義則因背後有人撐腰，才得當上宰相。從他給昭帝的上書也透露出西漢宰輔理應容貌出眾：

> （蔡）義上疏曰：「臣山東草萊之人，行能亡所比，容貌不及眾……自託於經術。」……義為丞相時，年八十餘，短小無須眉，貌似老嫗，行步俛僂，常兩吏扶夾乃能行。
> ❼

蔡義強調自己容貌雖不出眾，但在經術上尚不輸人正是希望武帝勿以貌取人。而他的話也正反映出以貌取人是漢代的常事。不過以蔡義容貌之猥瑣，竟能進登丞相之職，在漢代恐怕是絕無僅有的了。而他之所以能當宰相與其背後有強大的支持者有關。這位任用蔡義的人正是昭、宣兩朝實權在握的霍光。而霍光也因用了蔡義而受到「不選賢，苟用可顓制者」的批評。以當時霍光之顯赫，對於這項批評的反應是：「此語不可使天下聞也。」❼可見這位其貌不揚的蔡義能為丞相的確是例外。

　　西漢用人之重容貌似乎不僅止於丞相一級，而是整個官僚體系用人制度的一部份。從史文中無法肯定漢代是否像唐時一樣，在選拔官吏時要閱其容貌，但從一些蛛絲馬跡看來，這種可能性很大。據《漢書》〈儒林傳〉的記載，博士弟子員的條件之一是「儀狀端正」。這是西漢政府用人和形貌有關最直接的記載。又，朱博治左馮翊時，他的手下有一名臉有刀傷者：

　　　　長陵大姓尚方禁，少時嘗盜人妻，見斫，創著其頰。府曹受賂，白除禁調守尉。博聞知，以它事召見。視其面，果有瘢。博辟左右問禁：「是何等創也？」禁自知情得，叩頭服狀。博笑曰：「丈夫固有是。馮翊欲洒卿恥，拭用禁，能自效不？」禁且喜且懼，對曰：「必死！」博因敕禁：「毋得泄語，有便宜，輒記言。」❼❽

　　從這段記載中可以大略看出，臉上有刀傷，爲吏時，似有限制，是以尚方禁乃行賂除吏。但是，後來朱博仍讓尚方禁守縣令，雖未眞除，然仍可爲假守。臉上有傷難爲大官，可從另外一件毀容案見之：

　　　　申咸……毀（薛）宣不供養行喪服，薄於骨肉，前以不忠孝免，不宜復列封侯在朝省。宣子況……數聞其語，賕客楊明，欲令創咸面目，使不居位。會司隸缺，況恐成爲之，遂令明遮斫咸宮門外，斷鼻脣，身八創。❼❾

司隸秩比司直，是二千石的高官❸。薛況爲了阻止申咸當司隸而使出毀容的手段，可見漢代選高官時，容貌最少應當完整無缺。正是因爲臉上有缺陷的人無法在官僚系統中爬到高位，因此英布被黥時才會自我調侃：

> 黥布，……少時客相之，當刑而王。及壯，坐法黥。布欣
> 然笑曰：「人相我當刑而王，幾乎是？」人有聞者，共戲
> 笑之。❸

黥布對於這位相者的預言似乎不以爲意，因此被黥之時才以此事自娛，而旁人亦把此事當作笑話一件，以此爲樂。這正可看出，即便是在秦末，容貌不完整的人想在官僚系統獲取高位是相當不容易的事。從鄭衆在《周禮》＜鄉大夫＞的一條注中，可看出容貌似乎還是東漢時取人的標準之一：

> 鄉老及鄉大夫群吏獻賢能之書于王。……退而以鄉射之禮
> 五物詢衆庶。一曰和，二曰容，三曰主皮，四曰和容，五
> 曰興舞。此謂使民興賢，出使長之；使民興能，入使治之
> 。（鄭司農曰：「容，容貌也。」）❸

這一段文章談的是鄉大夫以鄉射之禮選賢能之士。鄭衆謂「容」爲容貌，鄭玄和後來的注家都頗不以爲然。不過鄭衆的誤注，或許正來自漢代以容取人的現實。

東漢用人，容貌亦是重要條件。從賈復的例子可以看出將相

之選當具備的條件：

> 賈復……事舞陰李生，李生奇之，謂門人曰：「賈君之容
> 貌志氣如此，而勤於學，將相之器也。」❸

李生謂賈復有將相之器，而容貌是其中的一項條件。鄧衍雖為新
野小吏，但其容儀却使明帝自嘆弗如：

> 永平初，有新野功曹鄧衍……容姿趨步，有出於眾。顯宗
> 目之，顧左右曰：「朕之儀貌，豈若此人！」特賜輿馬衣
> 服。（虞）延以衍雖有容儀而無實行，未嘗加禮。❽

鄧衍雖無實行，但僅憑其容儀即蒙賞賜，可說明漢家天子對於容
儀之重視。而何熙以其身高和威儀之優勢歷任大官：

> 何熙……身長八尺五寸，善為威容，贊拜殿中，音動左右
> 。和帝偉之，擢為御史中丞。歷任司隸校尉、大司農。❺

他如劉衍、劉翼這兩位諸侯王亦皆因其容儀而獲賞識❻。而容儀
不整者就如張敞一樣，在官場是要吃些虧的。如：賈逵雖身高八
尺二寸，却因他「不修小節，當世頗譏焉」而「不至大官」❼。
由此看來，用人當重相貌威儀不止是皇帝一人之意，而是許多人
的共識了。再如：周澤亦因忽威儀而「失宰相之望」❽。又據《
後漢書》＜張酺傳＞的記載，東漢用人，對於容貌的限制，似有

明文規定。張酺為東郡太守時，他手下的郡吏王青昌便因「身有金夷」，使得前一任的太守無法舉用他；直到張酺在任時，他才被舉為右曹。據惠棟引《漢官儀》云：「博士限年五十以上，其舉狀曰身無金痍痼疾。」從王青昌的例子看來，這一條規定似不止用在選任博士而已。這些例子都說明了兩漢用人對於威儀相當在意，而兩漢史料中多言官吏容貌之美，其重點不止在強調美貌，更在顯示其威儀。因此，選拔官吏之所以重容貌，並不純是喜用面貌姣好之人，而是強調美貌之人其威儀較著。

兩漢用人之重容貌並非完全不受人批評。如《韓詩外傳》云：

> 夫文王非無便辟親比己者，超然乃舉太公於身人而用之，豈私之哉？以為親邪？則異族之人也。以為故耶？則未嘗相識也。以為姣好邪？則太公年七十二齗然而齒墮矣。[89]

《韓詩外傳》在論用人時，批評有些統治者只用「親己便辟」，而容貌姣好便包含在「親己便辟」之列。《鹽鐵論》中文學對於以貌舉人有更直接的批評。文學曰：

> 必將以貌舉人，以才進士，則太公終身鼓刀，甯戚不離飯牛矣。[90]

對於以貌取人的批評一直到東漢仍未止息。王符云：

> 人君……苟以親戚色官之人典官。

汪繼培箋曰：

「色官」謂以面目姣好為官者。⑨

從這些批評中可以看出，原來用人重容貌是為了要顯示官吏的威儀的美意，在實際選任官吏的過程中似乎已受扭曲。但這些批評反而可看出用人重視容貌之習，歷兩漢而不衰，且這些批評並沒有改變用人重視容貌威儀的事實。看看下面這個例子便可知道何以漢家天子仍然寧願用容貌威儀可觀之人了：

（梁）胤一名胡狗……容貌甚陋，不勝冠帶，道路見者，莫不蚩笑焉。⑩

像梁胤這樣的人，讓他當到高位，豈不折損漢家威風？

仕宦是漢代社會流動最有利的途徑，而當時官僚體系之用人與容貌之關係又如此密切，也難怪漢人會將容貌與富貴聯想在一起：

平為人長大美色。人或謂平：「貧，何食而肥若是？」……戶牖富人張負有女孫，五嫁夫輒死，人莫敢取，平欲得之。邑中有大喪，平家貧侍喪，以先往後罷為助。張負見之喪所，獨視偉平。平亦以故後去。負隨平至其家，家乃負郭窮巷，以席為門，然門外多長者車轍。張負歸，謂其子仲曰：「吾欲以女孫予陳平。」仲曰：「平貧不事事，

一縣中盡笑其所為，獨奈何予之女？」負曰：「固有美如
陳平長貧者乎？」辛與女。❸❸

這位張負的女孫已剋死了五個丈夫，一般人對之望而卻步，獨陳
平娶了沒事。陳平因她而有游道之資，她亦以因陳平而為丞相夫
人。這位有錢的張老太太敢放心地將其女孫嫁給一貧如洗的陳平
，只是因為她對陳平的容貌有把握。她的信心正可看出漢人相信
形貌與當大官之間有密切的關係。

　　細檢西漢幾位與看相有關的丞相會發現一有趣的現象。這八
位丞相分別是：周亞夫、韋賢、魏相、丙吉、黃霸、韋玄成、張
禹、翟方進。其中除了周亞夫外，都是武帝後的人物。除了黃霸
的記載是他人相其未來的妻子，其餘諸人皆談到其看相的過程與
經學上的成就。今將有關資料羅列如下：

(1)　韋丞相賢者，魯人也。以讀書術為吏，至大鴻臚。有
　　　相工相之，當至丞相。有男四人，使相工相之。至第
　　　二子，其名玄成，相工曰：「此子貴當封。」韋丞相
　　　言曰：「我卽為丞相，有長子，是安從得之？」後竟
　　　為丞相。而長子有罪論，不得嗣，而立玄成。……韋
　　　丞相玄成者……少時好讀書，明於《詩》、《論語》
　　　……而相工本謂之當代父，而後失之，復自游宦而起
　　　至丞相。父子俱為丞相，世間美之。（《史記》，＜
　　　張丞相列傳＞）

(2)　魏丞相相者……以文吏至丞相。……邴丞相吉者……

　　　　　讀書好法令。……長安中有善相工田文者，與韋丞相
　　　　　、魏丞相、邴丞相微賤時會於客家。田文言曰：「今
　　　　　此三君者，皆丞相也。」其後三人竟相代為丞相。（
　　　　　全上）

(3)　　禹為兒，數隨家至市，喜觀於卜相者前。久之，頗曉
　　　　　其別著布卦意，時從旁言。卜者愛之，又奇其面貌，
　　　　　謂禹父：「是兒多知，可令學經。」（《漢書》，＜張
　　　　　禹傳＞）

(4)　　翟方進……給事太守府為小史，號遲頓不及事，數為
　　　　　掾史所詈辱。方進自傷，迺從汝南蔡父相，問己能所
　　　　　宜。蔡父大奇其形貌，謂曰：「小史有封侯骨，當以
　　　　　經術進，努力為諸生學問。」（《漢書》，＜翟方進傳＞
　　　　　）

先討論張禹的個案。張禹小時常在相命攤子旁玩，相命先生覺得
他的容貌不壞，也因為他「多智」，便向他父親建議要他去學經
。再看翟方進的例子也是一樣。當翟方進鬱鬱不得志而找上蔡公
為他看相時，這位相命先生也奇其貌而建議他學經取侯。這些例
子指出，雖然容貌是當官的重要條件，但光是容貌好並不保證能
當到大官，還必須加上經術。換句話說，容貌只是當官的一項條
件，而學經則是更重要的條件。再看韋賢。褚少孫說他「以讀書
術為吏」，而《漢書》謂賢：「兼通《禮》、《尚書》，以《詩
》教授，號稱鄒魯大儒。徵為博士，給事中，進授昭帝《詩》，
稍遷光祿大夫詹事，至大鴻臚。」●是所謂「讀書術」者，蓋指
儒術。至於魏相，褚少孫說是「文吏」，《漢書》謂他：「少學

《易》，為郡卒史。」●文吏指的是刀筆吏，但魏相亦兼通儒書。褚少孫謂邴吉「以讀書好法令至御史大夫」●，而《漢書》謂「吉本起獄法小吏，後學《詩》、《書》。」是所謂「讀書」者，讀儒家之書也。他如黃霸、韋玄成、匡衡，皆以讀書而至丞相；蔡義容貌甚差，而能當宰相，與他深於經術亦不無關係。《漢書》亦云：

> 自孝武興學，公孫弘以儒相，其後蔡義、韋賢、玄成、匡衡、張禹、翟方進、孔光、平當、馬宮及當子晏皆以儒宗居宰相位。

可見儒術與為相間相關性之高。這種情況亦改變了當時人的價值觀，而視儒書為仕途的敲門磚。此可從當時的一句諺語看出：「遺子黃金滿篋，不如一經。」●這顯示著當時已有許多人認為財富的價值還不如經術。形貌與經術成了漢代政治社會流動的重要條件。但經術可學而至，形貌却是天生自然，無法改變。天下學經之士何其多，為相者却寥若辰星，何以某人為丞相，某人則否，這便不僅是其經術可以解釋；而形貌正好說明了這些人的命運天生便異於常人。

封侯、拜相，在漢人看來，並非人人皆可企及——因為要在政治鬥爭中脫穎而出實非易事：

> 士之游宦所以至封侯者微甚，然多至御史大夫卽去者，諸為大夫而丞相次也。其心冀幸丞相物故也，或乃陰私相毀

害欲代之。然守之日久不得，或為之少而得之。至於封侯，真命也夫。㊾

要能躲過許多人的坑陷而拜相封侯，除了自己有巧妙的政治手腕外，還要有好的運氣：

（韋賢、玄成）父子俱為丞相，世閒美之，豈不命哉？……（匡）衡以十年之閒，不出長安城門，而至丞相，豈非遇時而命也哉？……御史大夫鄭君（鄭弘）守之數年不得，匡君居之未滿歲而韋丞相死，卽代之矣，豈可以智巧得哉？多有聖賢之才困戶不得者衆甚。㊿

這一段話點出了一個人因何能爬到高位不是人以理性便可以理解的。要說明一個人以什麼優越的條件而攀登到官僚體系的最高峰，較為容易——因為吾人可以將此人所具備的各種優點條陳列舉，以解釋某人何以得登高位。但是具有相類似條件的人所在多有，為何單單是某一人，而不是其他的人？這只有歸之於命了。西漢史料中關於官僚與相的記載多在封侯拜相之人，正是指出這些位極人臣之人，不是以人力求便能如願，而是其命中早已注定。

第四節　小　結

本章就被相者考察他們與相人術的關係，而討論的對象大體為當時的人中龍鳳。對於這些不同的群體，相人術所扮演的角色

似乎也不大一樣。就皇帝而言，相人術與讖緯思想結合，爲他們披上神秘的外衣，而提供了他們統治的合法性依據。對東漢女子而言，相貌的因素是決定她們能否入宮的守門者，有意走後宮路線來增加自己權勢的豪門，對此相當重視，甚至還找人來預選。漢代用人重容儀與經術，相人術一方面解釋了何以某些人得以進登高位，同時也成爲落寞士人的安慰。從本章的分析可以看出，一種知識的功能並非一成不變的。知識對於人的意義，隨著不同的人如何看待它，使用它而異。

對於皇帝、皇后、丞相這三種不同的群體，倒有一點共同之處。這些人都是社會上少數的精英，他們在社會上的地位常不只是努力所能達到的。透過相人術的解釋，他們的成功蒙上了一層神秘的面紗。在相人術的解釋系統下，人的一生在冥冥之中另有主宰；而骨相則是命運的展現，它透露出命運的奧秘。能成爲千萬人之上的統治者，生來就與人不同，這不是人力所能強求的。命定論的思想似乎和相人術緊緊地結合在一起。

究竟看相者如何窺破命運的奧秘，爲人解惑？他們在社會上所扮演的角色爲何？對於相人術，漢人又抱持著什麼樣的態度？這些問題將留待下一章探討。

註 釋

❶ 《史記會注考證》，＜高祖本紀＞，頁161。《漢書》中的記載同。

❷ 《史記會注考證》，＜高祖本紀＞，頁161。

❸ 《史記會注考證》，＜高祖本紀＞，頁161。

❹ 司馬遷便曾說高祖是「大聖」。他說：「王跡之興，起於閭巷。合從討伐，軼於三代。鄉秦之禁，適足以資賢者，爲驅除難耳。故憤發其所爲天下雄，安在無土不王？此乃傳之所謂大聖乎？豈非天哉！豈非天哉！非大聖孰能當此受命而帝者乎？」（《史記會注考證》，＜秦楚之際月表＞，頁307-8。）

❺ 出石誠彦：《中國神話傳說の研究》，＜龍に由來ついて＞（東京：中央公論社，1943），頁107。出石誠彦先生認爲，龍能昇天，象徵著在人世間地位的極頂。而劉邦出身卑微，把龍和他結合，對於抬高自己的身價有莫大的幫助。

❻ 《史記會注考證》，＜三代世表＞，頁232。

❼ 《史記會注考證》，＜秦始皇本紀＞，頁126。

❽ 《春秋左傳注》，＜昭公二十九年＞，頁1501。

❾ 《神相全編》，卷九，頁31。李敖先生曾將宋朝皇帝始生時之異象整理出來，但並未對之多加解釋。本節正可補此縫隙。（李文見＜宋帝始生異象考＞，收入《李敖全集》，冊十一（台北：遠流出版公司，1986），頁141-8。）

❿ 馬國翰輯：《玉函山房輯佚書》（京都：中文出版社，1979）·《春秋緯合誠圖》，頁2181；《春秋緯元命苞》，頁2229、2230；《孝經援神契》，頁2268。這些龍顏的古帝王有：伏羲、神農、黃帝、堯、舜、文王。

⑪　《漢書》，〈宣元六王傳〉，頁3324-5；《後漢書》，〈蔡邕傳〉，頁2006。

⑫　顧頡剛：〈五德終始說下的政治和歷史〉，收入《古史辨》，第五冊（台北：影印本，無出版日期），頁583。

⑬　《漢書》，〈郊祀志〉，頁1210、1212。

⑭　《史記會注考證》，〈高祖本紀〉，頁161。

⑮　《漢書》，〈高帝紀〉，頁3-4。

⑯　《漢書》，〈高帝紀〉，頁4。

⑰　《漢書》，〈高帝紀〉，頁5。

⑱　《漢書》，〈高帝紀〉，頁7、8。

⑲　《史記會注考證》，〈淮陰侯傳〉，頁1073。類似的話張良和陸賈也都說過。（見〈留侯世家〉，頁804、807；〈陸賈傳〉，頁1103。）

⑳　《漢書》，〈宣帝紀〉，頁235-7。

㉑　《漢書》，〈宣帝紀〉，頁237。

㉒　《漢書》，〈宣帝紀〉，頁237。《漢書》，〈高帝紀〉，頁2。

㉓　《東觀漢記》，卷一，〈世祖光武皇帝〉，頁11下。

㉔　《東觀漢記》卷一，〈世祖光武皇帝〉，頁11下。

㉕　《長短經》，〈察相〉，頁22。

㉖　《後漢書》，〈光武紀〉，李賢〈注〉引鄭玄《尚書中候註》，頁2。

㉗　馬國翰輯：《玉函山房輯佚書》，《春秋緯合誠圖》，頁2181；《孝經援神契》，頁2268；《論語摘輔象》，頁2299。

㉘　《後漢書》，〈朱祐傳〉，頁769。

㉙　《東觀漢記》，卷二，〈顯宗孝明皇帝〉，頁1上。

㉚　馬國翰輯：《玉函山房輯佚書》，《春秋緯合誠圖》，頁2182

-3。 類此的記載甚多，此處只擇其最精詳者。其他有關堯的記載見本文附表**3**。

㉛ 有關東漢讖緯之說的盛況見金發根：＜讖緯思想下的東漢政治和經學＞，收入《沈剛伯先生八秩榮慶論集》（台北：聯經出版事業公司，1976 ），頁 17-55。金先生的論文對於讖緯的功能並未作詳細的討論，本文正好從相人術的觀點略作補苴。

㉜ 《史記會注考證》，＜秦始皇本紀＞，頁26。

㉝ 《漢書》，＜王莽傳＞上，頁4024。

㉞ 《漢書》，＜王莽傳＞中，頁4101。

㉟ 《後漢書》，＜儒林傳·尹敏傳＞，頁2559；＜薛漢傳＞，頁2573。

㊱ 劉增貴：《漢代婚姻制度》（台北：華世出版社，1980 ），頁140-8。

㊲ 蘇輿：《春秋繁露義證》，＜陽尊陰卑＞，頁228下；＜天辨在人＞，頁237上。

㊳ 《漢書》，＜董仲舒傳＞，頁2502。

㊴ 《春秋繁露義證》，＜天辨在人＞，頁237上。

㊵ 《漢書》，＜循吏·黃霸傳＞，頁3635。

㊶ 林富士：《漢代的巫者》，台大歷史研究所碩士論文，1987 ，頁26-43。

㊷ 《漢書》，＜外戚傳＞，頁3941。

㊸ 《漢書》，＜外戚傳＞下，頁3964-5；＜元后傳＞，頁4015。

㊹ 《論衡校釋》，＜骨相＞，頁106。

㊺ 《後漢書》，＜皇后紀＞上，頁400。

㊻ 西漢後宮之選是否有相工參與今已無法確實證明，不過相工之參與後宮選拔可能只是東漢一朝的現象。第一、後宮出身特重「良

家」乃是東漢特有的現象。所謂「良家」，指的是家族聲望顯赫。而西漢後宮除了重親關係者外，多出身微賤，似乎看不出有什麼特殊的選拔過程。（參劉增貴：《漢代婚姻制度》，頁80-7。）第二、《漢書》與《後漢書》中雖多有關皇后看相的記載，但其性質却不盡相同。《漢書》中與后妃看相有關的個案有三個。第一個例子是漢文帝的母親薄姬。薄姬是在進入魏王豹的後宮之後，許負才為她看相。至於宣帝的許后、元帝的王后都是在許嫁後未嫁前其未婚夫死亡的情形下其母才請相者為之看相。二者看相的情況相當特殊。如果西漢的相工曾參預後宮選拔之事，則欲藉女兒登躍龍門之家，當會先請相工預卜其女是否有此福份；但在《漢書》中却看不到這一類的記載，反而在《後漢書》中所載之馬、竇、鄧三位皇后皆有這樣的現象。明德馬皇后是家中主動請相工遍相家中諸女，看誰有可能大貴，而這位相者便印證了一位預言馬皇后將大貴的筮者的話。章德竇皇后也是家中主動請人來為竇皇后看相，而且所相不止一次。和熹鄧皇后也是請人先來預卜其是否有朝一日能雀屏中選，陪伴君王。兩《漢書》中對於皇后看相的記載性質之差異，可以作為西漢後宮並未有相工參與的旁證。

㊼ 《續漢書》，＜禮儀志＞中，＜注＞引蔡質所記立皇后之儀，頁3121。

㊽ 《後漢書》，＜胡廣傳＞，頁1505。

㊾ 《神相全編》，卷九，頁1-9。

㊿ 袁宏：《後漢紀》，卷九，＜明帝永平二年＞（台北：華正書局，1974），頁148上。又見《後漢書》，＜皇后紀＞上，頁408。

51 《後漢紀》，卷二八，＜順帝陽嘉元年＞，頁286下。《後漢書》，＜皇后紀＞中，則多了「太史卜兆得壽房，又筮得坤之比」

一段。揆之《續漢書》<禮儀志·注>引蔡質立后之儀，太史卜
筮之禮乃立后時所用。當時梁女只立爲貴人，不當與立后同禮
。果爾，則相工對於進入後宮女子的前途，具有舉足輕重的影響力
。

❺❷ 《後漢書》，<皇后紀>下，頁408。

❺❸ 《後漢紀》，卷十四，<和帝永元十四年>，頁241下。又見《
後漢書》，<皇后紀>上，頁419。

❺❹ 《後漢書》，<皇后紀>上，頁415。

❺❺ 劉增貴：前引書，頁92-8。

❺❻ 劉增貴：前引書，<附表>六，頁133。據《後漢書》<梁冀傳
>言梁氏一門有三皇后，這當是將桓帝鄧皇后曾冒姓梁也算在內
的緣故。（鄧皇后冒姓之事見《後漢書》，<皇后紀>下，頁
444。）

❺❼ 劉增貴：前引書，<附表>六，頁133。

❺❽ 有關「良家」一辭意義在兩漢的轉變見劉增貴：前引書，頁82-
5。

❺❾ 據周道濟<西漢君權與相權之關係>一文之西漢丞相一覽表統計
。（該文見《大陸雜誌》，第十一卷，十二期，1964，頁376
-7。

❻⓪ 《史記會注考證》，<留侯世家>，頁810。

❻❶ 《漢書》，<公孫弘傳>，頁2617。

❻❷ 《漢書》，<江充傳>，頁2176。

❻❸ 《漢書》，<車千秋傳>，頁2884。

❻❹ 《漢書》，<金日磾傳>，頁2959。

❻❺ 《漢書》，<東方朔傳>，頁2841。

❻❻ 《漢書》，<外戚傳>，頁3964，3956-7。

❻❼ 《漢書》，<王商傳>，頁3370。

⑱ 《史記會注考證》，〈三代世表〉，頁233。

⑲ 《漢書》，〈霍光傳〉，頁2933。

⑳ Wang Zhongshu, K. C. Chang tr. Han Civilization. New Heaven & London. Yale Univ. Press. 1982. pl。

㉑ 《後漢書》，〈馮勤傳〉，頁909。

㉒ 漢人對於身高之興趣亦可見之於張蒼。《漢書》云：「初蒼父長不滿五尺，蒼長八尺餘，蒼子復長八尺，乃孫類長六尺餘。」《漢書》特地記載了張蒼一家四代的身高，似乎是想從遺傳中探得身高的秘密。漢人對於身高問題之關心於此可以略見。（《漢書》，〈張蒼傳〉，頁2100。）

㉓ 《漢書》，〈魏相傳〉、〈薛宣傳〉、〈王嘉傳〉，頁3141、3391、3489。

㉔ 《漢書》，〈張敞傳〉，頁3222-3。

㉕ 《史記會注考證》，〈魏其武安侯列傳〉，頁1168。

㉖ 《漢書》，〈蔡義傳〉，頁2898。

㉗ 《漢書》，〈蔡義傳〉，頁2898。

㉘ 《漢書》，〈朱博傳〉，頁3402。

㉙ 《漢書》，〈薛宣傳〉，頁3394-5。

㉚ 《漢書》，〈百官公卿表〉，頁737，724。司隸乃司隸校尉所改，其秩原爲二千石，但在哀帝改官制時，可能連其秩祿同時改動，故班固才特別指出司隸秩比司直。

㉛ 《漢書》，〈英布傳〉，頁1881。

㉜ 孫詒讓：《周禮正義》，〈地官・鄉大夫〉，卷二一（台北：中華書局，1968），頁16下－17下。

㉝ 《後漢書》，〈賈復傳〉，頁664。

㉞ 《後漢書》，〈虞延傳〉，頁1153。

(85) 《後漢書》，＜梁慬傳＞，頁1593。

(86) 《後漢書》，＜孝明八王傳＞，頁1674；＜章帝八王傳＞，頁1809。

(87) 《後漢書》，＜賈逵傳＞，頁1240。

(88) 《後漢書》，＜儒林傳＞，頁2579。

(89) 《韓詩外傳》，卷四，頁500。

(90) 王利器：《鹽鐵論校注》，＜地廣＞（台北：世界書局，1979），頁116。

(91) 《潛夫論箋》，＜思賢＞，頁86-7。

(92) 《後漢書》，＜梁統傳＞，頁1185。

(93) 《漢書》，＜陳平傳＞，頁2038。

(94) 《漢書》，＜韋賢傳＞，頁3107。

(95) 《漢書》，＜魏相傳＞，頁3133。

(96) 《漢書》，＜丙吉傳＞，頁3145。

(97) 《漢書》，＜匡張孔馬傳 贊＞，頁3366。

(98) 《漢書》，＜韋賢傳＞，頁3107。

(99) 《史記會注考證》，＜張丞相列傳＞，頁1099。這段上有「太史公曰」四字，然從文脈上看來，不當是司馬遷的話，而是繼續前面褚少孫的敍述。

(100) 《史記會注考證》，＜張丞相列傳＞，頁1099。

第五章

漢代看相行爲的考察(2)
── 漢代的相工與漢人對於看相的態度

　　本章擬從看相者的社會地位及其功能，和漢人對於相人術的態度，來了解漢代相人術運作的情形。關於看相者的社會地位，本文則從他們所能掌握的經濟／社會資源來加以考察；至於看相者的社會功能，W. A. Lessa 已有論述，但並未仔細分析看相者如何去完成其功能，而此則是本文的著力處。至於漢人對看相的態度如何，他們如何運用相人術，漢代學者對相人術有何批評，本文亦將加以分析。

第一節　漢代的相工社羣及其社會地位

　　將看相者視爲社群有兩層意義：第一、就看相這個專業而言，看相者在社會上屬於同一階層，社會上對他們也大略有一定的評價，他們在社會上有一定的地位，提供一定的功能。因此，可以將之視爲一社群。第二、就看相者群體的內部而言，他們有自己的師承，可能還有派別之分（詳下），可以將這些各個不同的看相者群體視爲不同的社群。本章著重在分析看相者社群的地位和功能，至於看相者社群和其他社群間的關係，以及看相者社群和其他群體互動後，如何影響相人術的發展，看相者本身如何透過師承和社群間的互動，影響到相人術的發展，業餘者（如呂公

之流）和相工社群間的關係如何等問題，由於資料太少，這一方面的問題無法做深入的分析。

漢代的看相者稱爲「相工」❶。間或稱爲「相者」。如《後漢書》＜皇后紀＞上，云：「相者見后，驚曰：『此成湯之法也。』」❷李賢＜注＞引《續漢書》曰：「相者，待詔相工。」是相者即相工之意。「工」是專業人員的稱呼。《說文》云：

工，巧飾也。象人有規榘。與巫同意。

段玉裁注：

引申之，凡善其事曰工。❸

根據《說文》的講法，不惟相工，凡是專門技術皆可稱工。在漢代文獻中尚可見到其他稱爲「工」的專業社群。如：醫工、畫工、漆工、玉工等。而諸與卜筮有關者亦皆稱「工」❹。只是工匠面對的是各類的器物，而相工所司則是人的命運。不止是相人則稱工，舉凡相馬、相刀劍等相其他物品者當亦可稱工❺。而所謂「工」，亦有良窳。善於其專業者稱「良工」，從事此行而技術不佳者稱「樸工」❻。

看相者的專業社群究竟在何時形成，今日已難追究，但至遲不會晚於戰國末年。從荀子對於看相的批評，想必當時看相已相當盛行；否則不勞荀子費這麼大的力氣予以駁斥。看相之風既已流行，則社會亦當有相當的專業人員，以提供這一方面的需求。

蔡澤不得意之時，想到找唐舉爲他看相。蔡澤之所以找上他，是因爲唐舉曾相李兌，而且所相甚準，似乎唐舉便是當時著名的看相專家。若從尹鐸自謂其看相之術有所師承，很有可能當時相人術的專業社群在當時已出現❼。尹鐸與趙簡子同時，而趙簡子亦曾找當時著名的相者姑布子卿爲其子看相。這位姑布子卿還曾爲孔子看過相。據《韓詩外傳》的記載，姑布子卿在爲孔子看相之時，似有弟子隨侍❽，那麼很有可能相工社群早在春秋戰國之際便成立。相工社群的出現代表著看相成爲一種專門職業，以往所累積的許多考察人的知識必須爲應付職業上的需求再加整合，以建立一門具有專門性而又不同於以往考察人的知識。

　　漢代相工社群的活動情形今已難以完全重建，但從一些蛛絲馬跡中仍可略窺一二。漢代的相工和卜者的關係相當密切，看相者也往往兼任占卜的工作，因此在兩漢的史料中常可看到卜、相連言，而稱之爲「卜相工」。西漢末年假神道設教而起兵的王郎便是一位卜相工，翟醋因報仇而亡命長安時亦曾以卜相爲業❾。西漢元帝時以經學爲相的張禹，小時常在市場的占卜攤上玩耍。這個攤子的卜者也會看相❿。兩《漢書》中很多相例似乎出於看相者主動要求，但這應只是一些特例。看相者在市場中的攤子，才應是一般看相活動進行的場所。如果像史書所載，看相者只是常因爲奇他人之相貌而爲人看相，想必也難以爲繼。漢代相工社群在市場的活動情形雖因記載不足而無法得知，但關於占卜者在市場的活動情形吾人尚有些資料可循。從卜、相關係之密切，占卜社群的活動情形，可爲了解漢代相工社群活動情形之參考。褚少孫在補《史記》＜日者列傳＞時曾提到占卜社群在市場上的活

動情形：

> 褚先生曰：「臣為郎時，游觀長安中，見卜筮之賢大夫，觀其起居行步，坐起自動，誓正其衣冠而當鄉人也，有君子之風。見性好解，婦來卜，對之顏色嚴振，未嘗見齒而笑也。」⓫

卜筮者的行規謹嚴，在經營其專業活動時絕不輕忽。卜筮技術的傳授也在市場中進行。當賈誼、宋忠拜訪司馬季主時，司馬季主的攤子上便有其弟子隨侍左右⓮。而弟子們學得占卜技術的過程可能就和張禹在卜筮攤子上看久便心知卦意一樣。當然，在學習的過程中可能還需加上研習卜筮之書。相工的情形可能和卜者差不多，他們也在市場營業，其技術也有師承。漢代經學知識的傳遞最重師承關係，漢代其他的知識似乎也是如此。看相知識的傳遞亦是借助師承關係。如尹鐸、蒯通便謂其相人之術皆是受自他人⓭。不止相人如此，連相馬也是如此。善於相馬的馬援甚至還能數出幾代的祖師爺呢⓮！根據《呂氏春秋》的記載，戰國末年相馬這一行中已有許多細密的分工：

> 古之善相馬者：寒風是相口齒，麻朝相頰，子女屬相目，衛忌相髭，許鄙相尻，投伐褐相胷，管青相膹吻，陳悲相股腳，秦牙相前，贊君相後。凡此十人者，皆天下之良工也。其所以相者不同，見馬之一徵也，而知節之高卑，足之滑易，材之堅脆，能之長短。⓯

各人拿手的相法，所相的部位皆不同，在這種情況下，相馬社群當各有不同的派別。相工社群也有這種現象。王符云：

> 人之相法，或在面部，或在手足，或在行步，或在聲響。……巧匠因象，各有所授。 ⑯

在各有所授的情況下，相工社群當有許多流派，可惜其細節如何今已難考。

比起經學來，師弟間縱的傳承關係可能是相工社群中最重要的連繫，而缺乏像經學團體一樣橫的互動。漢代的經學是支持統治理念的主要知識系統，任何一家的經說只要被政府立為學官立刻成為利祿之途。為了爭取立為學官的機會，各家經說除了縱的傳承外還有橫的互動。各家派間互相攻訐，史書中不乏其例。如大小夏侯之相互抨擊，劉歆為了立《左傳》於學官而移書責讓太常博士，何休之作《公羊墨守》、《左氏膏肓》、《穀梁廢疾》，而鄭玄乃發《墨守》、鍼《膏肓》，起《廢疾》，予以還擊，皆是各經學家派間互動之例 ⑰。政府職官中雖也有相工可以擔任的職位（詳下），但這些職位似乎都不是樞要之任，對於漢代政府的決策很難有直接的影響 ⑱。在兩漢的史料中也從沒有以相工而居要職者。這說明了漢政府對於這一方面的知識需求有限，也說明了相工在官僚系統昇遷的機會可能不甚好。對於一般老百姓而言，相人術的知識沒法助他們直接提升社會地位。與經學相比，相人術的地位瞠乎其後。相工社群主要的競技場在市場上，他們所爭的利益也只是看相時一點蠅頭小利，不像經學所牽涉的利

益廣泛。在經學方面，學者要跟在政府「立案」的大師學，而求相者在相人的市場上却可以有較多的選擇機會。

在編戶齊民的社會中，「士農工商」四民不止標示著當時社會的組成，同時也依序隱含著對於這些組成份子社會地位高下的價值判斷。看相者屬於「工」，居於四民中的第三層，其社會地位並不高。而且他們多在市場營業，可能尚有市籍而屬於商的階層。漢代對有市籍者每多為官與財產上的限制❸。相工又不像一般商人，可以借其財富規避這些限制（詳下），如此一來，其地位更是居於四民之下。但是對於四民地位高低的價值判斷並不能決定他們在日常生活中所能掌握和運用的社會資源。從統治者的立場而言，安土重遷的農民是他們最好的順民，而那些從事末業，手握大部份經濟資源，却又游徙不定的商人，對國家的安定破壞最大❹。統治者雖欲重農而賤商，但由於商人所能取得的社會資源較多，在日常生活中，農人所掌握的資源却遠較商人遜色❺。相工似乎沒有這種社會地位與其所掌握的資源不成正比的現象。相工不像商人手握實質資源以換取他在社會上／市場上呼風喚雨的能力，他們所擁有的只是看相的技術。命相市場與實際上物資交換的市場，情況也不盡相同。物資交換的市場很容易產生各種壟斷的現象，但命相市場却近乎自由競爭的市場，加上有指導看相的相書存在，進出市場幾乎毫無阻攔。而且看相並不是生活必需品，其需要與否可以有相當大的彈性❻，價格無法任意哄抬。司馬季主謂：「卜筮者利大而謝少。」確是眞實的寫照。司馬季主又謂爲人卜筮一次的錢大概是「數十百錢」❼。工資從數十至百錢不等，這可能和所求之事有關。《漢書》亦載嚴君平「裁

日閱數人，得百錢足自養」❷。爲數人卜筮而得百錢，則占一人約數十錢。這是卜筮者的工資率。從卜相間關係之密切，相工的工資率大概也差不多。韓太傅請相工相辟雍弟子的代價是「五十錢」❷，和上文所估計卜者的工資率相去不遠。這一工資率在物價平穩之時尚能度日，但若經濟情況不良，恐難溫飽❷。在漢代社會中政治權力之取得是提升社會地位最重要的方式❷，相工在這一方面的競爭力似乎也不強。從這一簡單的市場分析中可以看出，相工是社會上地位不高，且不是掌握大量社會資源的一群。

相工社會地位之低落尚可從他們在漢代官僚體系中能獲居的位置看出。漢代選皇后時需要相工參與，因此他們在官僚系統中當佔有一定的位置。當漢武帝知道李陵戰敗時，特地命令相者相李陵家屬，以知其是否已經爲國捐軀❷。從這兩個例子可以看出兩漢當有爲相工而設置的職位，只是這個位置小得在兩《漢書》的百官表都顯示不出來，足見相工所擔任的職位可能只是個位卑權低的小吏而已❷。從相工有選皇后的任務來推斷，他們在官僚系統中當屬於少府下的掖庭令所掌。據《續漢書》＜百官志＞的記載：

掖庭令一人，六百石。（本注曰：宦者。掌後宮貴人采人事）

李賢＜注＞引《漢官儀》：

吏從官百六十七人，待詔五人，員吏十人。❸

掖庭令只是六百石的官,而相工在其屬下,則相工在官僚體系中的地位之輕微可知。至於他們在宮廷中的職司,當以選皇后最為重要。其他的時候,統治者大體借用他們的技術來取悅自己。如漢文帝使人為他的寵臣看相,便頗有以人鬥天的意味:

> 上(文帝)使善相人者相通。曰:「當貧餓死。」上曰:
> 「能富通者在我,何說貧?」於是賜嚴道銅山,得自鑄錢
> 。❸

遇到像王莽一樣的皇帝時,他們甚至會影響到用人的決策:

> 王興者,故城門令史。王盛者,賣餅。莽按符命求得此姓
> 名十餘人,兩人容貌應卜相,徑從布衣登用,以視神焉。
> 餘皆拜為郎。❸

王興、王盛只因其容貌應卜相而驟得高位,恐怕也是任官奇談了。大體上司馬遷對於文史星曆這一族類的評價亦可適用於官僚體系中的相工。他說:

> 文史星曆近乎卜祝之間,固主上所戲弄,倡優畜之,流俗
> 之所輕也。❸

從以上的分析中可以看出,相工在社會價值中的地位不高,在經濟或政治上他們所能取得的資源亦相當有限。

第二節　漢代相工的社會功能

相工在社會中扮演解謎者的角色，但其所提供的服務項目並不止於批命。從《神相全編》中看來，相工所能提供的服務除了指引前途外，他們還能看女人的產育，診察人的健康情形❸。漢代的相工也能解答這一方面的問題。為明德馬皇后看相的相工便看出她可能無子，並告訴其母假他人子猶勝親生。這位相工的本事還不止於此，他還能抓賊：

> （馬）太夫人亡珠直數萬錢。問相者。相者指一御婢，此人盜之。果如其言。❸

此外，善相者還能看出人的年壽如何：

> 朱建平……善相術於閭巷之間，效驗非一。太祖為魏公，聞之，召為郎……文帝問己年壽，又令遍相眾賓。建平曰：「將軍當壽八十，至四十時當有小厄，願謹護之。」謂夏侯威曰：「君四十九為州牧，而當有厄。厄若得過，可年至七十，致位公輔。」謂應璩曰：「君六十二位為常伯，而當有厄。先此一年，當獨見一白狗，而旁人不見也。」謂曹彪曰：「君據藩國，至五十七當厄於兵，宜善防之。」❸

再如管輅亦能從自己的長相自占死日，亦是相工能知人年壽之例
❸。不過相工最主要的任務還是在爲前途茫茫之人指點迷津。尤
其在生活遭到挫折時，相工遂成爲一般人所尋訪的對象之一。前
半輩子過得不順利的蔡澤便是在這樣的情景下找了唐舉爲他看相
❸。號稱遲鈍而數爲人所辱的翟方進，也是在前途茫茫的情況下
，請蔡父看相，爲自己的生命重新找尋方向❸。東漢開通西域的
大功臣班超也是如此：

> 班超……家貧，常爲官傭書以供養。久勞苦，嘗輟業投筆
> 歎曰：「大丈夫無它志略，猶當效傅介子、張騫立功異域
> ，以取封侯，安能久事筆研閒乎？」左右皆笑之。超曰：
> 「小子安知壯士志哉！」其後行詣相者。曰：「祭酒布衣
> 諸生耳，而當封侯萬里之外。」超問其狀。相者指曰：「
> 生燕頷虎頸，飛而食肉，此萬里侯相也。」❹

早年家貧與讀書的生活使班超頗爲苦悶而思立功異域。在壯志難
伸，心下猶豫之際，是相者爲他指點，使他決心益加堅定。相工
在人們不知如何去面對渺不可知的未來，或事事不順遂，低沈失
意的時候，確實給了人們安慰與希望。再就屈原、賈誼和宋忠求
卜時的心態來看，儘管人們所面對的問題或有不同，但占卜活動
功能總在人們迷茫的時候，爲人們提供解答，使人能勇敢地活下
去。

　　對於社會上的一般人，相工扮演的是命運燈塔的角色，那麼
相工自己又認爲如何呢？可惜吾人也看不見相工夫子們的自道。

不過，卜筮者却提到了他們自己的工作情形。司馬季主謂卜筮的
工作是：

> 言而鬼神或以饗，忠臣以事其上，孝子以養其親，慈父以
> 畜其子，……病者或以愈，且死或以生，患或以免，事或
> 以成，嫁子娶婦或以養生。㊿

從司馬季主的話中可看出卜筮者的工作相當複雜，從敬事鬼神、
教孝勸忠、看病醫療、嫁娶生育，莫不包括。其工作有一部份是
道德教化的工作，而不止是爲人卜吉解凶而已。嚴君平亦有類似
的看法：

> 有邪惡非正之問，則依蓍龜爲言利害。與人子言依於孝，
> 與人弟言依於順，與人臣言依於忠，各因勢導之以善。㊷

則嚴君平亦自認其工作多在勸人爲善，其功能在於道德教化上，
不止是預判吉凶而已。從卜者相者之身分常合爲一，或相工亦如
此自我界定。

相工之社會功能尚可從被相者所問何事見之。根據Ｗ．Ａ．
Lessa分析《神相彙編》的五百四十六個相例中，其前三名分別
爲：功名佔 20.9 ％，宦途者佔 18.2 ％，財富佔 14.2 ％ ， 其
他則分別爲壽命、智慧等㊸。由於筆者並未看到《神相彙編》，
不知Lessa區分功名和宦途的標準何在，但所謂功名和宦途在中
國常密不可分。從他的分析中可以看出相工所最常遇到的問題多

與仕宦有關。兩漢史料中的情形也差不多，相工所解答的問題亦多與仕途有關。由此看來，相工的社會功能的確在於消解社會流動——尤其是政治上的社會流動——時所產生的不安定感。那麼兩漢政治社會流動的壓力究竟有多大？相工又如何面對被相者以解答他們的困惑？以下便就兩《漢書》中所見的資料對於漢代的政治社會流動略加估計，再說明相工解答這些問題的方式，以期對於相工的角色與功能提供較爲具體的了解。

據《漢書》＜百官公卿表＞上，云：「吏員自佐史至丞相，十二萬二百八十五人。」平均大約是十二萬人左右。據《漢書》，＜地理志＞下，謂西漢人口約有「五千九百五十九萬四千九百七十八人」，約是六千萬❹。官員與人口比例是一比五百，亦即平均每五百人才有一官職。而這些官大抵多是俸祿微薄的小吏。這些小吏當以百石以下的官員最多。若以《漢書》＜食貨志＞中，李悝盡地利之教的水準來估計，五口之家一年需有一百六十五石才能糊口❺，西漢大多數年薪百石以下的吏員若純靠官俸，恐怕都不夠，或者只能活在最低的生活水平❻。因此，小吏侵漁百姓之事所在多有，宣帝才會在神爵三年時下令爲他們加薪❼。由於小吏的薪俸及社會地位並不吸引人，故當時有志之士頗不樂爲吏❽。據《西漢會要》粗略的估計，二千石以上的高官只有七十一個職位，一百八十五人次❾，其競爭之激可知。據《續漢書》，＜郡國志＞五，東漢人口約五千萬，而官員約十五萬人❺⓪。但隨著東漢政局的惡化，官吏的生活似乎越來越糟。據崔寔云，當時連「百里長吏」（亦即三百石的縣令）亦難以自養❺❶。當時要走仕宦一途只有求取更高的職位。在爲官不易的情況下，要

從仕途來改善社會地位本就困難。再加上武帝獨尊儒術的結果，政治社會流動的管道愈狹，更增加政治社會流動的壓力。從上文＜丞相與相＞一節中可以看出，當時欲當大官者必須拜師學藝，而讀書却不見得人人能做得到。西漢末期逐漸形成的士族，及累世經學的現象❸，正說明了知識資源分配不均的現象。政治社會流動管道的狹窄和競爭之激烈，更增加了漢人在仕途上的焦慮。

據人類學家的研究，占卜者通常對於他所處的社會脈絡（ social context ）都有相當的了解，如此他方能面對不同的顧客所問的不同問題❸。漢代的相工也是如此。當張禹常去玩耍的卜相攤子的相工覺得張禹是位可造之材時，他建議張禹的父親讓他去學經，而不是去做其他的事情，當翟方進以小吏之身而頗不得意之時，相工蔡父建議他去學經，而不是轉到他行，這是因為相工們深知在當時的社會中要向上爬昇，學經是不二法門。當班超考慮轉行時，相者鼓勵他順行己志。在班超對於自己的前途已有一定打算時，這位相工何必去打斷他的壯志？屈原在對於自己的前途有了反省時，鄭詹尹明知屈原的堅持所帶來的只有不幸，但他還是說：「用君之心，行君之意。」❸再從前引司馬季主和嚴君平對於他們工作的自我描述，可以看出卜相者確實自覺地知道他們如何與不同身分、不同角色的人溝通。相工們從容貌的觀點解釋了現存的社會階層何以如此安排，也從容貌的觀點鼓勵了要在現行社會結構爬昇的人們。從整個社會的角度來看，他們的確有助於消解人在面對社會流動時所產生的焦慮感。相工的社會功能不止來自其有關容貌的專業知識，還來自他對當時社會脈動相當靈敏的感覺。卜筮看相也許只是微不足道的小數，卜相工也許

不是社會中的決策精英，但他們的社會功能却不容忽視。

第三節　漢人對相人術的態度

　　相工能發揮多大的功能，和漢人對於相人術的態度有關。呂思勉先生謂秦、漢間人對於相人術頗爲相信。從史料上所見的看相個案，這一論斷大致不錯。

　　《荀子》＜非相＞篇中對於相人術的攻擊，大概可以看出，自戰國末年相人術似已取得不少人的認同。兩漢人對於相人術的態度也差不多。從呂媼責怪呂公的話可以看出，呂公似乎自始即欲以此爲登龍之術。呂媼云：

　　　　公始常欲奇此女，與貴人。沛令善公，求之不與，何自妄許與劉季？⑤⑤

言下之意頗有呂公白學了相人之術，竟看走了眼，而想將自己的女兒嫁「不事家人生產作業」又「多大言」的劉邦。但呂公自信其相人的眼光不錯，不惜與自己的老婆吵上一架，硬是將自己的女兒嫁給劉邦。宣帝許后的事件與此亦有幾分類似：

　　　　許廣漢有女平君，年十四五，當爲內者令歐侯氏子婦。臨當入，歐侯氏子死。其母將行卜相，言當大貴，母獨喜。（張）賀聞許嗇夫有女，乃置酒請之。酒酣，爲言「曾孫體近，下人，乃關內侯，可妻也」。廣漢許諾。明日嫗聞

之，怒。廣漢重令爲介，遂與曾孫。一歲，生元帝。❺❻

許廣漢之妻得知其女之相當大貴，私下心喜。當許廣漢將其女許給尚在民間的宣帝時，其妻還爲這門不夠高攀的親事而不高興。殊不知他們這時已交上好運了呢！而黃霸則因相者一席話而娶了鄰家的巫女。這些例子都顯示了漢人對於相人術頗爲熱中而信任。

相人術不止是用來論斷人的命運，漢人對於相人術還有一些很奇怪的用法。從這些有趣的例子中，更可以看出漢人對於相人術的相信程度。《論衡》中有一段有趣的記載：

> 韓太傅爲諸生時，借相工五十錢，與之俱入壁雍之中，相壁雍弟子誰當貴者。相工指倪寬曰：「彼生當貴，秩至三公。」韓生謝遣相工。通刺倪寬，結膠漆之交，盡筋力之敬。徙舍從寬，深自附納之。寬嘗甚疾，韓生養視如僕狀，恩深踰于骨肉。後名聞于天下，倪寬位至御史大夫，州郡丞旨召請擢用，擧在本朝，遂至太傅。●

這位韓太傅竟然以相人術爲依據來決定他的投資計劃！而這個計劃的風險却非常高。上文已言及封侯拜相並非易事，如果自己沒這個本事還不如找別人幫忙，拉拔別人一把，自己也能從旁得到好處。但是人海茫茫，誰知道那個人有這般本事，一定能躋登高位？而韓太傅竟以面相之由而盡其心力照顧當時尚未出頭的倪寬。韓生這種欲依賴關係的心理，亦見之於琅邪郡的太守趙貢：

> 琅邪太守趙貢行縣，見（薛）宣，甚說其能。從宣歷行屬
> 縣，還至府，令妻子與相見。戒曰：「贛君至丞相，我兩
> 子亦中丞相史。」察宣廉，遷樂浪都尉丞。㊳

趙貢欣賞薛宣之材，而決定提拔他。他認爲只要薛宣有成就時，他的兒子都能從薛宣身上得到好處。這種攀龍附鳳的心理，顯示出漢代官僚體系中請託、結黨之事，必不在少數。只是像這位韓太傅一樣使用相人術來找尋可投資的對象，恐怕也不多見●。但這一方面正也可以看出相人術之深獲認同。更絕的是翟酺的例子：

> 翟酺……以報讎，當從日南，亡於長安，爲卜相工。……
> 時尚書有缺，詔將大夫六百石以上，試對政事、天文、道
> 術，以高第者補之。（翟）酺自恃能高，而忌故太史令孫
> 懿，恐其先用，乃往候懿。旣坐，言無所及，唯涕泣流連
> 。懿怪而問之。酺曰：「圖書有漢賊孫登，將以才智爲中
> 官所害。觀君表相，似當應之。酺受恩接，懷愴君之禍耳
> 。」懿憂懼，移病不試。由是酺對第一，拜尚書。㊴

翟酺竟以他當卜相工的專業知識嚇得孫登有官不敢當。相人術有這等妙用，恐怕是連相工也難想像，而孫登居然就信了。這也可以看出當時深信相人術者恐亦大有人在。另外相人術在謀反的時候也用得著：

前（蒯）通知天下權在韓信，欲為奇策而感動之，以相人說韓信。曰：「僕嘗受相人之術。」韓信曰：「先生相人何如？」對曰：「貴賤在於骨法，憂喜在於容色，成敗在於決斷。以此參之，萬不失一。」韓信曰：「善。先生相寡人如何？」……通曰：「相君之面不過封侯，又危不安。相君之背，貴乃不可言。」❻

蒯通不愧是高明的辯士，在他的言說中，相人術只具修辭上的功能。其高明處在點出：韓信背叛的結果，強於北面稱臣。可惜韓信一念之仁，使他死前後悔沒聽蒯通的話。韓信以不聽蒯通言而敗，東漢的廣陵思王却被相工擺了一道。廣陵思王企圖謀反時，在飛書中以相人術企圖說服東海王彊與他聯手：

> 諸相工言：「王（東海王彊）貴天子法也。人主崩亡，閭閻之伍尚為盜賊，欲有所望，何況王邪？夫受命之君，天之所占，不可謀也。」❻

結果東海王得書惶恐之餘，立刻將這封信呈上。後來明帝雖不加追究，但廣陵思王的密謀仍未止息，而且還請相工來看他是否能起兵：

> 其後蒯（東海王陵）復呼相工謂曰：「我貌類先帝。先帝三十得天下，我今亦三十，可起兵未？」❻

這位相工嚇得連忙往官府告密，廣陵思王最後只得自殺了事。欲說服人時用相人術，欲造反時也找相工問可否，由此不難看出廣陵思王對於相人術的信任 ❸。相人術不僅可以用於造反，亦可用於預知造反之人。漢高祖便有這種本事：

> （ 高祖拜濞爲吳王 ）巳拜受印，高祖召濞相之。曰：「若狀有反相。」獨悔，業巳拜，因拊其背曰：「漢後五十年東南有亂，豈若邪？然天下同姓一家，慎無反！」濞頓首曰：「不敢。」❸

這段文字當然可以看做是劉邦的心理戰術。因爲當時劉濞是最長的諸侯王，爲了防範其反側之心，高祖事先警告他。不過，班固却也描寫出劉邦反悔的心理狀態。這也顯示劉邦對於相人術頗爲信任。以上這些案例顯示出，漢代相信相人術者大有人在。

有時相工的預測離常理太遠，被相的人還是會有半信半疑的態度。當許負謂周亞夫當封侯，但其後又將餓死時，周亞夫便是如此：

> 亞夫爲河內守時，許負相之：「君後三歲而侯。侯八歲爲將相，持國秉，貴重矣，於人臣無二。後九年而餓死。」亞夫笑曰：「臣之兄以代父侯矣，有如卒，子當代，我何況侯乎？然旣貴如負言，又何說餓死？指視我。」負指其口曰：「從理入口，此餓死法也。」❸

周亞夫雖對許負的話將信將疑，但他仍請許負開示吉凶之道，這
不也是許多去看相算命的人的心態？靠其同父異母姊爲皇后而竄
起的衞青，在未發跡之前，曾有人爲他看相：

> 有一鉗徒相青曰：「貴人也，官至封侯。」青笑曰：「人
> 奴之生，得無笞罵卽足矣，安得封侯事乎？」❺

衞青只是一名冒人姓的私生子，其異母兄弟皆奴畜之，向不以爲
兄弟，現在居然有人說他不但可以擺脫目前的窘境，且能平步青
雲，這種與現實生活離得如此遙遠的預測，怎樣也難令衞青信服
？就連請相工來爲他及其子看相的韋賢，也不太相信他們家居然
能連著兩代出現一人之下萬人之上的丞相❽。這種懷疑的態度除
了因爲相工所言已超出人的理性所能想像的範圍外，可能還與看
相者常有誇飾的現象有關。從目前的資料中吾人所見相工的預測
常相當準確，但賈誼和宋忠的話却令人看到了事情另一面：

> 夫卜者，多言誇嚴，以得人情；虛高人祿命，以說人志；
> 擅言禍災，以傷人心；矯言鬼神，以盡人財，厚求拜謝以
> 私於己。❻

卜筮看相之人畢竟還是生意人，不免會見人說人話，見鬼說鬼話
。「卜筮者，人所賤簡也。」❼這是主要的原因。所以雖然史料
所記多有相信相人術之人，却也不可忽略將信將疑和不相信相人
術者當也不少。究竟漢人有多相信相人術呢？這個問題恐怕是無

法解答了。

　　以上所論大抵是從被相者的角度去考察漢人對相人術的態度，那麼，學者們對相人術的態度又如何？以下筆者便談談一些漢代學者的看法。

第四節　漢代學者對相人術的批評

　　荀子非相，主要是否認相貌與人的吉凶之間的關係。但如此堅決地否認看相可能性的立場，在漢代的史料中却不多見；甚至還有人相當肯定相人術的可靠。褚少孫便是其中之一。褚少孫相當相信人生有命，且命是解釋某人何以能登上高位的最主要因素❶。他也相信命可以從一個人的容貌中看出。因此他對於能先知韋賢父子將先後爲相的相工，和預知韋賢、魏相、邴吉三人皆將爲相的相工田文，都相當佩服❷。王充的立場與褚少孫很近。這位以「疾虛妄」爲其著述宗旨的東漢思想家，對許多當時的禁忌皆加以抨擊❸，唯獨對於相人術却青睞有加。他不但不以爲相人術爲無稽之談，反倒認爲相人術是知人命運的最佳方式：

> 人曰：「命難知。」命甚易知。知之何用？用之骨體。人命稟於天，則有表候於體。……表候者，骨法之謂也。❹

王充認爲命在人初生之時便已決定，且著之於人不可變之形相❺。看相之所以可能乃是因爲相類之人，其形體相似。所謂「類同氣鈞，性體法相固自相似」❻。但何以又有看不準之事？對此王

充提出兩點解釋：一、看相之所以不準，不是出在骨相的理論不可靠，而是因為看相的人未能照顧相之全局，而只觀其一隅：

> 相或在內，或在外。或在形體，或在聲氣。察外者，遺其內；在形體者，亡其聲氣。**⑰**

或者是因為其他的外在因素而隱藏了人相的實情：

> 人面色部七十有餘，頰肌明潔，五色分別，隱微憂喜，皆可得察，占射之者十不失一。使面黚而黑醜，垢重襲而覆部，占射之者十而九失。**⑱**

相人術未列入王充所謂的「虛妄」之列與他的思想有關。王充肯定人的一生皆由於命在操作。他說：

> 凡人遇偶及遭累害，皆由命也。有死生壽夭之命，亦有貴賤貧富之命。自王公逮庶人，聖賢及下愚，凡有首目之類，含血之屬，莫不有命。……貴富有命祿，不在賢哲與辯慧。**⑲**

王充的整套思想便以命祿之說，合以遭遇幸偶之論，以解說人一生的境遇；而且以此駁斥當時許多避禍求福的手段和禁忌。王充之破除「迷信」實其命祿偶遇之說的延伸，非任仲身處東漢，而已具今日所謂之「科學精神」。蓋人之命如在初生時已定，則各

種祈福消災之法皆不足以改變人之命運❽。王充之所以力戰其他東漢時代之「迷信」，只對骨相情有獨鍾，其故在此❽。

其他一些談到相人術的漢代學者，不像褚少孫和王充那麼相信命，但對相人術仍相當尊重。班固在《漢書》〈藝文志〉形法家後加的按語云：

> 形法者，大舉九州之勢以立城郭室舍形，人及六畜骨法之度數、器物之形容，以求其聲氣貴賤吉凶。……非有鬼神，數自然也。然形與氣相首尾，亦有有其形而無其氣，有其氣而無其形，此精微之獨異也。

班固認為相人術並無殊異之處——因為天地萬物皆有形氣可以考察。真正厲害的，還在考察那些有形無氣、有氣無形者。不過班固所指為何，便不得而知了。王符也認為看相之所以可能，亦是因為人稟形氣而生：

> 五行八卦，陰陽所生，稟氣薄厚，以著其形。……此亦賢人之所察，紀往以知來，而著為憲則也。❽

王符認為人之所以可相，實因人皆稟氣而生。他的看法實與班固、王充相去不遠。但他認為骨法好壞並不足以決定人生的全部：

> 夫觚而弗琢，不成於器；士而弗仕，不成於位。若此者，天地所不能貴賤，鬼神所不能貧富也。……智者見祥，修

善迎之，其有憂色，循行改尤。愚者反戾，不自省思，雖休徵見相，福轉為災。於戲君子，可不敬哉！❸

王符肯定了以德致福的重要性。光是生就一副好皮囊還不夠，若恃其相而不自努力，則不但不足以致福，反可能惹禍。王符雖在人稟氣而生這一點上肯定了人可以相，但却又在人的修行上否定了相與吉凶禍福的關係。這是因為王符相信人力才是控制命運的機轉。這從他數度引用《書經》的「天工人其代之」可知❹。荀悅在《申鑒》中以問答的形式討論看相的問題：

> 或問：「人形有相。」曰：「蓋有之焉。夫神氣，形容之相包也，自然矣。貳之於行，參之於時，相成也，亦相敗也。其數衆矣，其變多矣，亦有上、中、下品云爾。」❺

荀悅也和其他的漢代學者一樣，同意人之可相是因為人稟氣而生，只是相還需與行、時相參，光是相並沒有決定一切的力量。他還將相分為上、中、下三品。可惜他對此並沒有再作進一步的說明。曹植的意見也頗有趣：

> 使形殊於外，道合其中，名震天下，不亦宜乎？語云：「無憂而戚，憂必及之；無慶而歡，樂必隨之。」此心有先動，而神有先知，則有先見也。……荀子曰：以為天不知人事耶？則周公有風雷之災，宋景有三舍之福。以為知人事耶？楚昭有弗榮之應，魏文無延期之報。由是言之，則

　　天道之與相占可知而疑，不可得而無也。❸

　　曹植認為一個人有特殊的形貌還不夠，還要能與道合和，內外都
配合，才能名實相副。他認為相人術之所以可能，是因為人心之
動靜顯之於形容，故可以此為之占相。因此，即使相人術準確與
否或可懷疑，但却不可因此而否認其存在價值。

　　漢代學者的意見大致上都承認了人有形可相，其中只有曹植
的觀點較特殊。他認為相人術之所以可能是因為人心之所思所想
將現於形容。此與宋代的吳處厚引諺語曰「有心無相，相逐心生
。有相無心，相隨心滅❸」，頗有異曲同工之處。但若是相隨心
生，則相隨心而變，那麼所能占測者不過此時此刻之命運，能否
預測未來，乃至一生之事，不無疑義。也許因為如此，故曹植才
會說相占「可知而疑」吧！其餘的漢代學者則大體從稟氣賦形這
個觀點來談相人術。《淮南子》云：「形者，生之舍也；氣者，
生之充也；神者，生之制也。」❸形、氣、神皆與生而具，氣自
始生之時即充之於體，而形與之，此皆決於初生之始。氣有五形
、八卦之分❹，人之形亦當隨之而定。故從骨法可以知人之命運
。但是對於人的命運是否完全決定於相，這些漢代學者則有不同
的看法。褚少孫、王充認為命早在初生之時便決定了，人力無法
改變。若然，則以相人術窺知命運之奧秘不過求得心安而已。不
過對一般人而言，看相的功能便在此。據人類學家的研究，人在
力量可控制的範圍內，不會求助於神或占卜❺。而求助於神明之
時，總是面對生命中的混亂與不可解。在面對不安全、不確定的
情況，人會要求解釋，以平息心中的不安全感，由此重新尋得生

命的意義❸。相人術從容貌的觀點，使人知道命運之不可改變而安之若素，平息了來自因命運中之莫可奈何而生的疑惑，讓人在命運的謎團中找到一絲可以理解的線索，重新開啓命運的新意義。至於王符等人的態度則更加積極。他們雖然認爲與生俱來的形貌可以影響人的命運，但人的作爲才是眞正控制命運的關鍵。對他們而言，相人術不止是解惑而已，更可使人因知命而積極地開拓自己的生命。

　　總之，漢代學者對於相人術的態度，和他們所身處的時代正值天人感應、陰陽五行之說當道有關。在這樣的時代思潮下，人自天稟氣賦形，而使形體有一定的類屬可以從中探究此人之命運，並不是什麼奇怪的想法。至於他們認爲形相究竟對人有多少限制，則和他們個別的思想系統緊緊地繫連著。

第五節　小　結

　　漢代的看相者稱爲「相工」。「工」有專業人才之意。相工社群之成立，最早可以上推至春秋戰國之際。相工主要的活動場所在市場，其技術之承傳亦在此行之。相工社群師徒之間縱的傳承，是這個社群中最主要的連繫。而各相工社群之間的互動可能不甚緊密，這主要是因爲相人的技術並不牽涉到重大的政治、經濟利益所致。從相工所能掌握的社會／經濟資源和漢人的價值觀來看，相工社群的社會地位並不高；但他們却是人們命運的引導者。

　　從史料上的記載看來，漢人相信相人術甚深。但當相工的預

測已出乎常理想像之外時，漢人對相人術還是會質疑的。相工有時
言事過於誇大，恐怕才是有些漢人對相人術懷疑的最主要原因。
至於漢代學者對於相人術大致上頗為尊重。他們大體上相信人的
命運可以從形體上窺知，但形貌對人的限制究竟有多大，則他們
的意見紛歧。這與他們各別的思想信念有關，而不在於相人術是
否真的準確。

註　釋

❶　「相工」之稱見於兩漢文獻者有：《史記會注考證》，〈張丞相傳〉，頁1097。《後漢書》，〈皇后紀〉上，頁400、415、419；〈皇后紀〉下，頁438；〈光武十王傳〉，頁1447、1448；〈王郎傳〉，頁491；〈翟酺傳〉，頁1602。《論衡校釋》，〈骨相篇〉，頁108、110。

❷　《後漢書》，〈皇后紀〉上，頁419。

❸　《說文解字注》，卷九，頁203。

❹　「醫工」之稱見於《漢書》，〈武五子傳〉，頁2759。「畫工」之稱見《後漢書》，〈姜肱傳〉，頁1750。「漆工」之稱見《後漢書》，〈申屠蟠傳〉，頁1571。「占卜者」稱「工」見《潛夫論》，〈卜列〉，頁298。

❺　「相馬者」亦稱「工」。（見〈馬王堆漢墓帛書《相馬經》釋文〉，頁17。）古籍中對於相其他物品者皆稱為「相某物者」。如《呂氏春秋》〈別類〉有「相劍者」，〈士容〉有「善相狗者」；《韓非子》〈說林〉上，有「善相劍者」。以「相人」「相馬」者皆稱「工」例之，則相其他物品者當可稱「工」。又，褚少孫補：《史記》，〈日者列傳〉云：「黃直，丈夫也，陳君夫，婦人也，以相馬立名天下。齊張仲曲成侯，以善擊刺學用劍，立名天下。留長孺以相彘立名，滎陽褚氏以相牛立名。」這些能立名天下之善相物者，當皆為專業人士，亦當屬「工」。

❻　「良工」、「樸工」之稱亦見〈馬王堆漢墓帛書《相馬經》釋文〉，頁17。

❼　《呂氏春秋集解》，〈達鬱〉，頁1375。

❽　《史記會注考證》，〈趙世家〉，頁690。《韓詩外傳》，卷九

，頁543。

⑨ 《後漢書》，＜王郎傳＞，頁491。《後漢書》，＜翟酺傳＞，頁1602。

⑩ 《漢書》，＜張禹傳＞，頁3347。

⑪ 《史記會注考證》，＜日者列傳＞，頁1337。

⑫ 《史記會注考證》，＜日者列傳＞，頁1334。

⑬ 《呂氏春秋校釋》，＜達鬱＞，頁1375。《史記會注考證》，＜淮陰侯列傳＞，頁1070-1。

⑭ 《後漢書》，＜馬援傳＞，頁840。

⑮ 《呂氏春秋》，卷二十，＜觀表＞，頁1414。

⑯ 《潛夫論箋》，＜相列＞，頁310-2。

⑰ 《漢書》，＜夏侯勝傳＞，頁3159；＜楚元王傳＞，頁1968-72。《後漢書》，＜儒林・何休傳＞，頁2583；＜鄭玄傳＞，頁1208。

⑱ 相工對於政治最大的影響可能來自選拔後宮。東漢政治中，外戚有舉足輕重的地位，而外戚的地位則來自皇后。相工雖參與了後宮的選拔，但是選入後宮並不即是皇后，而且也不是每位皇后都能掌握大權。根據劉增貴先生的說法，選拔後宮的最重要條件是家世。因此相工即使參預其事，其所扮演的角色，可能也不是最重要的。但從上一章的分析，若通不過相工這一關，可能連進後宮的機會都沒有。

⑲ 漢代對有市籍者在財產和仕宦上的限制見《史記會注考證》，＜平準書＞，頁525。《漢書》，＜景帝紀＞，頁152；＜哀帝紀＞，頁336。從漢政府三令五申地限制商人的權力，正也反應出這些禁令的效果不彰。

⑳ 《呂氏春秋校釋》，＜上農＞，1710。

㉑ 晁錯對此有深刻的觀察。（見《漢書》，＜食貨志＞，頁1132

。）

㉒ 從經濟分析的角度來看，看相是劣等品（ inferior good ），其需求不會隨著所得之增加而增加，反而是人在逆境之下才會找上相命先生。（關於劣等品的定義，見郭婉容：《個體經濟學》〔台北：三民書局，1980，再版〕，頁27。）

㉓ 《史記會注考證》，＜日者列傳＞，頁1336。

㉔ 《漢書》，＜王貢兩龔鮑傳＞，頁3056。

㉕ 《論衡校釋》，＜骨相＞，頁110。

㉖ 有關漢代的物價，見韓復智：＜西漢物價的變動與經濟政策之關係＞，收入氏著：《漢史論集》（台北：文史哲出版社，1980），頁21-100。

㉗ T'ung-tsu Ch'u, *Han Social Stucture*. Seattle. Univ. of Washington press. 1972 p.65-6.

㉘ 《漢書》，＜李陵傳＞，頁2455。

㉙ 據《楚漢春秋》云：「高祖封（許）負為鳴雌亭侯。」這是吾人所知相工之封侯者。不過這可能只是傳說，在漢初當未有亭侯之制，而漢世亦未見有女子侯者。（原文見《史記會注考證》＜絳侯周勃世家・索隱＞引，頁821。）

㉚ 司馬彪：《續漢書》，＜百官志＞，收入《後漢書》，頁3595。

㉛ 《漢書》，＜佞幸傳＞，頁3723-4。這位相鄧通的相者，據王符說即是大名鼎鼎的許負。（見《潛夫論箋》，＜相列＞，頁311。類似的記載還見於《劉子集證》，＜命相＞，頁146。）

㉜ 《漢書》，＜王莽傳＞中，頁4101。

㉝ 《漢書》，＜司馬遷傳＞，頁2733。

㉞ 《神相全編》，＜產育＞，卷九，頁19；＜氣色骨肉生死訣＞，卷十一，頁11-2。

㉟　《後漢紀》，卷九，＜明帝永平二年＞，頁148上。

㊱　《三國志・魏志》，＜方技傳＞，頁809。

㊲　《三國志・魏志》，＜方技傳＞，頁827。

㊳　《史記會注考證》，＜蔡澤傳＞，頁980。

㊴　《漢書》，＜翟方進＞，頁3411。

㊵　《後漢書》，＜班超傳＞，頁1571。

㊶　《史記會注考證》，＜日者列傳＞，頁1336。

㊷　《漢書》，＜王貢兩龔鮑傳＞，頁3056。

㊸　Lessa, *Chines Bosy Divination*, pp.190-1.

㊹　葛劍平先生的估算亦與此差不多。（見＜西漢人口考＞，《中國史研究》，1981·4，頁135-51。

㊺　《漢書》，＜食貨志＞上，頁1125。五口之家爲漢代一般家庭的大小。許倬雲先生認爲西漢平均口數約四口，東漢爲六口，平均爲五口，但兩漢平均口數之不同已顯示家庭結構的變遷。（見氏著：＜漢代家庭的大小＞，收入氏著：《求古編》〔台北：聯經出版事業公司，1984，再版〕，頁515-39；杜正勝：＜傳統家族試論＞，《大陸雜誌》，第六五卷，第二期，1982，頁8-12。）

㊻　依《漢書》＜百官公卿表＞顏師古注云，漢代最低級的公務員斗食「月俸十一斛」，ㄴ佐史月俸八斛」；另說，「斗食者歲奉不滿百石，計日而食一斗二升，故云斗食」。若依此注，與＜食貨志＞中之資料相比，則百石以下的吏員皆不足以糊口。據勞榦先生的研究，宣帝時百石的官吏月俸六百錢，斗食月俸三百（原文作「九百」，誤），而宣帝時之物價算是低廉時期，猶有加薪之舉，可見西漢時期的低級公務員並不怎麼好當。（參勞榦：＜關於漢代官俸的幾個推測＞，收入《勞榦學術論文集》，甲編，下冊〔台北：藝文印書館，1976〕，頁1043-44。）

㊼ 《漢書》，＜宣帝紀＞，頁263。

㊽ 《漢書》，＜杜欽傳＞，頁2667。《後漢書》，＜李通傳＞，頁573；＜王霸傳＞，頁734。

㊾ 據《西漢會要》＜職官＞七（台北：里仁書局，1979）統計（頁429-31）。州牧原爲六百石，後增秩爲二千石，亦算在內。

㊿ 官員數據《東漢會要》（台北：里仁書局，1979）引《通典》云：「都計內外官及職掌人十五萬二千九百十六人。」（頁337）

51 崔寔：＜政論＞，收入嚴可均輯：《全後漢文》，頁726。

52 關於士族的形成，見余英時：＜東漢政權之建立與士族大姓之關係＞，收入《中國智識份子階層論》（台北：聯經出版事業公司，1984），頁113-7。

53 Victor W. Turner, *Divination as a Phase in a Socil Process*. in W. A. Lessa ed. Reader in Comparative Religion, 3nd. pp.373-376.

54 朱熹：《楚辭集注》，＜卜居＞（台北：河洛出版社，1980），頁115。

55 《漢書》，＜高帝紀＞，頁4。

56 《漢書》，＜外戚傳＞，頁3964-5。

57 《論衡校釋》，＜骨相＞，頁110-1。

58 《漢書》，＜薛宣傳＞，頁3385。

59 東漢的名士趙壹，上計入京，司徒袁逢見其擧止異於他人，而與之結納。但袁逢亦使人爲趙壹看相，其動機或許和韓太傅相類。（見《後漢書》，＜趙壹傳＞，頁1632、1635。）

60 《後漢書》，＜翟酺傳＞，頁1602。當然孫懿之所以有官不敢當，有一部份的原因恐怕也是因爲東漢讖緯之風太盛，恐爲人所陷害。

61 《史記會注考證》，＜淮陰侯列傳＞，頁1070-1。

(62) ≪後漢書≫，＜廣陵思王傳＞，頁1446。

(63) ≪後漢書≫，＜廣陵思王傳＞，頁1447。

(64) 廣陵思王不止相信相人術，他還頗相信方技一類的東西。事實上，在他的智囊團中，還有占星家參與其中。（見≪後漢書≫，＜廣陵思王傳＞，頁1448。）

(65) ≪漢書≫，＜荆燕吳傳＞，頁1903-4。

(66) ≪漢書≫，＜周亞夫傳＞，頁2057。

(67) ≪漢書≫，＜衛青傳＞，頁2471-2。

(68) ≪史記會注考證≫，＜張丞相列傳＞，頁1097。

(69) ≪史記會注考證≫，＜日者列傳＞，頁1335。

(70) ≪史記會注考證≫，＜日者列傳＞，頁1335。

(71) ≪史記會注考證≫，＜三代世表＞，頁232；＜張丞相列傳＞，1098-9。

(72) ≪史記會注考證≫，＜張丞相列傳＞，1098-9。

(73) 田宗堯：＜王充對漢代迷信思想的駁斥＞（續），≪文史哲≫，1983·2，頁69-71。李偉泰：＜論衡對漢代禁忌的記載與批評＞，見氏著：≪漢初學術及王充論衡述論稿≫（台北：長安出版社，1985），頁145-168。黃國安：≪王充思想之形成及其論衡≫（台北：商務印書館，1975），頁86-120。

(74) ≪論衡校釋≫，＜骨相篇＞，頁100。

(75) ≪論衡校釋≫，＜命祿＞，頁18-20。

(76) 關於王充的命運觀見徐復觀：＜王充論考＞，收入氏著：≪兩漢思想史≫，卷二（台北：學生書局，1979，二版），頁626-35。徐先生已意及王充本人在論述上有矛盾的現象。亦即王充曾在一小段文字中談到求的問題，而隨即又否定求的可能性。王充的態度究竟如何，何以他會留下這樣的一個缺口，仍有待進一步的探討。

(77) 認爲王充係以科學精神來破除當時迷信，以胡適之先生提倡最力。（見氏著：<王充的論衡>，收入《論衡校釋》，附編四，頁1277-316。）徐復觀對此已有批駁。（見氏著：《王充論考》，頁623-6。）不過徐先生亦未對王充命運觀與其批判「迷信」的問題再加討論。其他諸家論王充之破除迷信者亦少論及其破除迷信與王充整個思想系統間的關係。要對這個問題作更深入的探索，所需的篇幅必爲本文所不允許。以下筆者僅就討論王充破除「迷信」者在論述方式上的缺失稍加討論。認爲王充是破除「迷信」這種觀點，是以今人之觀念解古人，只擇取古人觀念中合於今人觀念之處加以討論，而未就其思想系統何以會有如此的觀念加以探索；對其思想與今日觀念矛盾之處，則常以該思想家未能脫離時代之積習解之。實則，王充所疾之虛妄，疾的是不合於他思想系統的虛妄，而不是不合於今日「科學標準」之「迷信」。徐復觀認爲在這個問題上，不可輕易安上科學與迷信的帽子，誠爲的論。

(78) 《論衡校釋》，<命義>，頁48。 人形相之不可變見<無形>，頁54-61。

(79) 《論衡校釋》，<骨相>，頁106。

(80) 《論衡校釋》，<骨相>，頁114。

(81) 《論衡校釋》，<自紀>，頁1187-8。

(82) 《潛夫論箋》，<敍錄>，頁478。

(83) 《潛夫論箋》，<相列>，頁313-4。

(84) 《潛夫論箋》，<思賢>，頁86；<忠貴>，頁108；<述敍>，頁188。

(85) 《申鑒》，卷三，<俗嫌>（台北：中華書局，1966），頁2上。

(86) 《曹子建集》，卷十，<相論>（台北：中華書局，1978），

頁 4 下。

⑧ 吳處厚：《青箱雜記》（《四庫全書》本，第 1036 冊）（台北
：商務印書館，無日期），頁 625。

⑧ 《淮南鴻烈解》，<原道訓>，卷一，頁 27。

⑧ 《潛夫論箋》，<相列>，頁 308。《論衡校釋》，<物勢>，
頁 139。

⑨ 馬凌諾斯基（Bronislaw Malinowski）著，朱岑樓譯：《巫
術、科學與宗敎》（台北：協志工業叢書出版公司，1978），
頁 8-18。

⑨ Clifford Geertz, *The Interpretation of Cultures.*
New York. Basic Books Publishers. 1973 pp.99
-108.

第六章 結 論

　　本文從相人術的內容和看相行為描述了漢代相人術運作的概況。從相人術的內容，以考察漢人對於相的概念；從看相行為的分析中，以見相人術在漢代社會所扮演的角色和功能。在《漢書》〈藝文志〉的分類中，相書與《山海經》為類，同屬術數類形法家。形法家關心的問題是如何從外在的形貌中窺知事物的吉凶。將《山海經》歸入形法家，除了可能牽涉到今已失傳的某些占法，也傳達了漢人認為天地萬物皆有形可相的觀念。漢代相人多以山川萬物來形容人相，後世相書以山、川、溝、瀆為人體分類，便是這一觀念的延續。

　　看相的第一件事是分類；否則在雜多的天地萬物中，必難以找出其形象與吉凶間的關係。藉著陰陽五行的分類架構，天地萬物皆有一定的位置，一定的屬性，考察萬物是否偏離其當有的位置與屬性，及陰陽五行間的生剋關係便可斷其吉凶。這一陰陽五行的分類間架，成了日後相人術的依據。

　　漢人所相或在面部，或在手足，或在行步，或在聲響。臉部寬大豐腴，額頭方而寬潤，眼睛白黑分明而有神，鼻高挺，口大者為上相。身形則以挺直高大為上，行步則重安穩，聲音則重溫和。除了各部位有好壞之相外，尚求部位間之均衡。另外，相法尚有相氣色，主要是以此觀人年壽、疾病。這一部份的相例不多，可能與當時的醫學有很密切的關係。

　　萬物皆有一定的形貌，從形貌可推其吉凶，唯獨「聖人」不能以常法相之。聖人常有與相法不合的異相出現。「聖人」原爲聽覺敏銳之人，由此引申爲能洞燭機先之通人。戰國時又漸成爲統治者完美形象之代稱。聖人之不相在戰國學者的論述中，原是強調聖人在精神狀態上有超越常人之處，因此可擺脫形骸的限制。但在漢代學者的論述中，聖人之異相，却成了他們治理天下的表徵——因爲他們生來即有異於常人。聖人統治天下的合法性，早已由天顯示在其異於常人的表象中。

　　在分析漢代的看相行爲時，亦可見到類似「聖人不相」的思考模式。看相行爲可以分爲被相者和看相者。就被相者而言，史料所載大體爲社會中之上層階級。從相的觀點來看，漢人對於這些社會流動的勝利者，大體有一種神秘的觀感，認爲他們之所以能登上社會的最高階是命中注定，與生俱來的，且早已顯現在這些成功者的相貌中。爲了分析上的方便，本文將漢代的被相者分爲皇帝、皇后、丞相三群。但這一分類法並不排除社會上其他的成員以不同的方式使用相人術。對於皇帝而言，相人術從形象的觀點合理化皇帝的統治，這是相人術和讖緯思想結合的成果。在東漢後宮選拔中，合於法相是必經的一關。這大概是相人術在漢代政治中所扮演最重要的角色了。許多東漢的豪家因而請相工占視其家女子，以預知其家女子能否成爲皇后，鞏固其家聲勢。漢代用人容儀和經術是兩項重要的條件，或許是在這樣的社會背景下，使得容貌成爲仕途得意的一解釋因素。而士子在落寞之餘，亦藉相人術來爲自己解惑。

　　漢代相工對於當時政治社會流動的情境有相當了解。他們從

相貌的觀點說明了現存的社會階層何以如此安排，也從相的觀點鼓勵有意於在現行社會結構中爬昇的人們。雖然相工管的是指點人們的命運，但從他們所能掌握的經濟／社會資源看來，他們在社會上的地位並不高。雖然他們的地位不高，但他們在排解漢人生活壓力、指點迷津的功能，却不容忽視。

在討論漢代的相工時，筆者並未對於相人術的業餘愛好者（如呂公即是一例）加以分析，這主要是因為這一方面的資料太少。但至少從宋代以後，這一群相人術的業餘愛好者對於相人術的發展，扮演著相當重要的角色；其重要的程度甚至超過相工。在此筆者願提供一些初步的觀察，至於其詳細的發展情形，則只能待日後做更仔細的研究。

比較敦煌相書殘卷和宋以後的相書❶，即可看出一些差異。敦煌殘卷中的相書有如相工學習手册，其中對於某相如何，皆分條列點地描述，但對於看相的原理並沒有什麼說明。而宋以後的相書不但對於如何看相有所說明，而且對於看相的原理亦加以探究。於是神、氣⋯⋯等抽象概念，史書中所記載的相例，都大量進入相書中。宋以後的相書在文字上亦多採取詩歌或韻文的形式，比起敦煌殘卷中的文字要講究得多。敦煌殘卷中有些令人諱言的相法——如相玉莖袋器❷——在宋以後的相書中都被刪去。對於這些不成於相工之手，文字較為講究，刪去某些不宜士人文化的相法，對於相法原理加以說明的相書，或可名之為「文人相」（因為這些相書主要是文人所撰）。這一個問題值得此後進一步分析。

本文大抵從社會流動的觀點來考察漢代的被相者，但漢人使

用相人術並不止於解決他們在社會流動中所生的疑惑。事實上，漢代相人術的運用範圍相當廣。它可以看病，可抓賊，可以用來造反，可以預卜女子的生育問題，而對於相工來講，它是謀生之具。相人術的用途，端視行為者的目的而定。這說明了知識在一定的時空內雖有一定的內容，但知識的功能與意義却不是知識的客觀內容所能決定，而是取決於行為者的目的。

從漢代的被相者的分析中，可以看出相人術和命定論有相當密切的關係。相人術的基礎似乎便奠立在命定論的基礎上。但從漢代學者對於相人術的批評中却發現，相人術之所以可能，不需要有命定論的預設。漢代學者大體從人乃自天賦形、稟氣而生的觀點討論相人術。這只承認了人天生是帶有某些表現於形體上的特質，因此可以從形體知人之性行吉凶。但這些特質對於人有多少的決定性，則論相諸家頗有不同的看法。而且他們對於相人術的意見和他們各別的思想系統相關，而與相人術實際上是否準確無關。如王充即使知道相人術不見得準確，但他却能找出種種理由為相人術辯護，只因為他相信相人術。再如相信「天工人其代之」的王符，自然無法贊同形體可以決定人一生的命運。相人術的存在雖是客觀的事實，但其意義却是隨人而異。

不但相人術的意義變動不居，相人術本身的內容也不斷在變動之中。從前文的分析中可以看出，相人術並不是一成不變地守著其原有的知識傳統。醫學、讖緯，乃至東漢末年的人倫鑒識之學❸，皆可為相人術所用。相人術似乎不像儒學，常會產生「異端」與「正統」的問題。這也許是因為相人術所牽涉到的利益較少的緣故吧！

　　最後筆者想談談漢代相人術在相人術史中的地位。漢代相人
術在我國相人術史上的地位可從相人術解釋系統的形成和專門用
語的出現見之。《荀子》＜非相篇＞是現存第一篇專論相人術的
文獻。但荀子旨在說明從個人外在的骨相無以知人內在的修養，
並未討論相人術所依循的理據。直到漢代的學者才從天人相通和
陰陽五行的觀點說明了相人術的原理。王充謂：

> 人命稟於天，則有表候（見）於體……非徒命有骨法，性
> 亦有骨法。❹

王符亦云：

> 《詩》所謂「天生烝民，有物有則」，是故人身體形貌，
> 皆有象類。骨法角肉，各有分部，以著性命之期，顯貴賤
> 之表。一人之身，而五行八卦之氣具焉。❺

《論衡》＜物勢篇＞亦謂人含「五行之氣」❻。王充與王符皆認
為人命稟之於天，而「天地，含氣之自然也❼」。氣充塞於天地
之間，萬物稟氣中有厚薄之差異，而有不同之形體，不同之遭遇
：

> 俱稟元氣，或獨為人，或為禽獸；并為人，或貴或賤，或
> 貧或富。富或累金，貧或乞食，貴至封侯，賤至奴僕，非
> 天稟施有左右也，人物受性有厚薄也。❽

稟氣之厚薄可以解釋人命運之差異，但何以從氣所形成的形體可以看出人稟氣之厚薄？此乃因稟氣成形之後，形體便不能再改變：

> 人體已定，不可增減。……形不可變化，命不可減。❾

人生之時已有稟氣厚薄之差異；稟氣而形體成，形體不可改變，故從人之形體可以進窺稟氣之厚薄。此可謂相人術原理之總綱。

學術語言的出現和改變往往標示出學術發展的新里程。我國相人術的專門用語最早便出現於漢代。春秋時代的叔服在談論叔孫穀的福相時說他「豐下」❿；王孫說謂魯國叔孫僑如「方上而銳下，宜觸冒人」，勸周簡王不必給他賞賜⓫。這都只是直接形容被相者的長相，未用到其他的特殊名詞。范蠡形容越王「長頸鳥喙，可與共患難，不可與共樂」，勸文種趕快求去⓬。他用的是類比式的語言，以鳥喙比喻越王的嘴型，而未用專有名詞。唐舉形容蔡澤，荀子形容以往的聖人（見第三章），尉繚形容秦始皇（見第四章），他們所用的語言仍不脫直接形容或與自然界中的事物直接比附⓭。到了東漢却出現不少專門術語。如《後漢書》謂光武「日角」，謂梁皇后「日角偃月」，謂李固「鼎角、匿犀、履龜文」⓮；管輅自謂其「額上無生骨，眼中無守精，鼻無梁柱，脚無天根，背無三甲，腹無三壬」⓯。這些形容相的用語不再只是直接形容或直接比附，而是一套外人難以了解的專門術語。或許有人會質疑：「這會不會只是范曄和陳壽用他們當時相人術的用語來形容以往的歷史人物？」自然不是。因爲這些術語

在漢代確實已經出現。前引《後漢書》謂光武「日角」亦見於東漢人所著的《東觀漢記》❻。再如李賢＜注＞引鄭玄《尚書中候註》云：「日角謂中庭骨起，狀如日。」❼這些專門術語的出現代表了當時看相人已成為專門的知識。雖然類比式的術語在漢後仍然存在，但相人術語的專門化，則成為相人術發展的主要趨勢。

　　漢人對相人術的貢獻並沒有為後人所遺忘，這可從敦煌發現的一本相書中略窺一二。這本相書在當時可能相當流行——因為同本子的相書殘卷在敦煌洞窟共有五本，將這些殘卷拼合起來，整部相書約略可窺得全貌。此書卷首題為「漢朝一十二人集」。這十二人分別是許負、李陵、東方朔、管公明、陶侃、耿恭、朱雲、黔婁先生、張良、鹿先生、神農、張虫❽。這十二人中有的分明不是相士，而有些人則不見於史傳，但自稱為許負的編撰者竟不惜偽稱此書成於漢代❾，可見漢代在相人術發展史上的地位。許負的魅力尚可見於《神相全編》。《神相全編》中所收的相法，以託名於許負者最多。計有：＜許負相德器＞、＜許負論男女五官＞、＜許負聽聲篇＞、＜許負相耳篇＞、＜許負相口篇＞、＜許負相唇篇＞、＜許負相齒篇＞、＜許負相舌篇＞、＜許負相手篇＞、＜許負相足篇＞❿。這些題為許負所著的相法可能原編在一書，《神相全編》的編者為了方便而將之分散在各章。但從幾乎身體的各部位的相法皆假許負之名為之，其在相人術傳統中的地位於此可見。

　　許多人對本文所分析的漢代相人術也許並不感興趣，他們關心的是相人術究竟準不準。對此唐代的杜牧倒有很有趣的見解：

> 呂公善相人，言女呂後當大貴，宜以配季。季後為天子，
> 呂后復稱制天下，王呂氏子弟，悉以大國。隋文帝，相工
> 来和韋數人亦言當為帝者，後篡竊果得之。誠相法之不謬
> 矣。呂氏自稱制通為后凡二十餘年間，隋氏自篡至滅凡三
> 十六年間，男女族屬，殺滅殆盡。當秦末，呂氏大族也，
> 周末，楊氏為八柱國，公侯相襲久矣。一旦以一女一男子
> 偷竊位號，不三二十年間，壯老嬰兒，皆不得其死。不知
> 一女子為呂氏之福邪，為禍邪？一男子為楊氏之禍邪，為
> 福邪？❷

呂公善相人，以相人術找了個乘龍快婿。但誰知道，就在他堅持
要把呂后嫁給劉邦時，已伏下呂氏族滅之禍。由此觀之，呂公究
為善相或拙於相？冥冥天地之間，未來的禍福何能逆料。但人們
不就是因為如此才需要相人術嗎？

註　釋

❶　如《麻衣相法》、《人倫大統賦》、《神相全編》、《冰鑑》等
　　皆是。

❷　《夷門廣牘》中所收題爲「漢高陽許負」所著的《相法十六篇》
　　，和敦煌題爲許負所著的相書殘卷可能同源。其中仍保有＜相陰
　　＞、＜相尿屎＞。（見《新編叢書集成》，《夷門廣牘》，《相
　　法十六篇》，冊二五〔台北：新文豐出版公司，1985 〕， 頁
　　115 。）

❸　《後漢書》＜郭太傳＞云：「（郭太）獎拔士人，皆如所鑒。後
　　之好事，或附益增張，故多華辭不經，又類卜相之書。」在東漢
　　末年已有人將郭太的人倫鑒識法弄得有如相書。這些經改頭換面
　　的作品，便很可能爲相人術所吸收。如《神相全編》便收有＜林
　　宗相五德配五行＞，便是把人倫鑒識學的祖師爺同化爲相人術傳
　　統中的人物。這篇作品可能和郭太沒關係，但因人倫鑒識和相人
　　術有類同之處，借用郭太的聲名可以增加相人術的聲響。

❹　黃暉：《論衡校釋》，＜骨相篇＞（台北：商務印書館，1983
　　），頁100 、 112 。

❺　汪繼培：《潛夫論箋》，＜相列＞（台北：大立出版社，1984
　　），頁309 。

❻　黃暉：《論衡校釋》，＜物勢篇＞，頁139 。

❼　《論衡校釋》，＜談天＞，頁477 。

❽　《論衡校釋》，＜幸偶＞，頁38 。

❾　《論衡校釋》，＜無形＞，頁54 。

❿　《春秋左傳注》，＜文公元年＞，頁510 。

⓫　《國語》，＜周語＞中（台北：里仁書局，1980 ），頁 79 。

⑫　瀧川龜太郎：《史記會注考證》，＜越世家＞（台北：洪氏出版
　　社，1977 ），頁 668 。

⑬　《史記會注考證》，＜蔡澤傳＞，頁980。《荀子集解》，＜非
　　相＞，頁46-8 。《史記會注考證》，＜秦始皇本紀＞，頁114
　　。

⑭　《後漢書》，＜光武本紀＞（台北：鼎文書局，1979 ），頁1
　　；＜皇后紀＞下，頁439；＜李固傳＞，頁2073。

⑮　《三國志》，＜魏書・方技傳＞（台北：鼎文書局，1979 ），
　　頁827。

⑯　《東觀漢記》（《四部備要》本），卷一，＜世祖光武皇帝＞（
　　台北：中華書局，1970 ），頁1上。光武的相貌是：「隆準，
　　日角，大口，美鬚眉，長七尺三寸。」

⑰　《後漢書》，＜光武本紀＞，頁2。漢代相人術專門術語的出現
　　，和讖緯大量出現約在同時。像「日角」一語以讖緯書中出現最
　　多。至於相人術語彙和讖緯之間的關係如何，由於資料不多，殊
　　難斷言。相人術和漢代的方術與圖讖之間的關係可從翟酺見之。
　　據《後漢書》＜翟酺傳＞謂「翟酺……尤善圖緯、天文、曆算」
　　，又曾為卜相工。以翟酺一人而善數種方術和圖讖，這或可說明
　　，東漢之時各種方術之間交流和融會的現象相當普遍。

⑱　《敦煌寶藏》，伯2572 ，冊 122 ，頁 162-7 ；伯 2797 ，
　　冊124 ，頁 193-5 ；伯 3589 ，冊 129 ，頁 174-5 ；斯
　　3395 ，冊 28 ，頁 246-7 ；斯 5969 ，冊 44 ，頁 622。
　　另外見於敦煌的相書尚有：斯 5976 ，冊 44 ，頁 634 ；伯
　　3390，冊 128 ，頁 128-31 ；伯 3492 ，冊 128 ，頁
　　470-2 。（有關這幾本相書的簡介，見王重民：《敦煌古籍要錄
　　新編》〔台北：新文豐出版公司，1986 〕，頁 208-10 。）
　　王先生謂同本只有三本，他未將斯3395 及 斯 5969 計入。

⑲　本書作者自稱爲漢代的許負，顯然有「時代錯置」之嫌。許負是
　　漢初的人物，在項羽與劉邦爭奪天下時，她便曾爲薄姬看過相。
　　景帝時又曾相周亞夫，而卷首中所提到的朱雲乃西漢末葉的人物
　　，其間相去幾二百年，許負竟能活著編輯其有關看相的作品，實
　　在不可思議。

⑳　≪神相全編≫，卷一，頁14；卷二，頁15-6，31；卷三，
　　頁27、31、35、36、38；卷八，頁18、36。

㉑　杜牧：≪樊川文集≫，＜論相＞（台北：里仁書局，1979），
　　頁95。

引用書目

一、傳統文獻

《易經》（台北：老古出版社，1984，二版）。

《公羊傳》（《十三經注疏》本；台北：藝文出版社，1979）。

《左傳》（《十三經注疏》本；台北：藝文出版社，1979）。

日‧竹添光鴻：《左傳會箋》（《左氏會箋》；台北：鳳凰書局，1978）。

楊伯峻：《春秋左傳注》（台北：源流出版社，1982）。

蘇　輿：《春秋繁露義證》（台北：河洛出版社，1975）。

《詩經》（《十三經注疏》本；台北：藝文出版社，1979）。

《韓詩外傳》（《學津討原》本；台北：新文豐出版公司，1980）。

王聘珍：《大戴記解詁》（台北：世界書局，1966）。

《周禮》（《十三經注疏》本；台北：藝文印書館，1979）。

孫詒讓：《周禮正義》（台北：中華書局，1968）。

孫希旦：《禮記集解》（台北：文史哲出版社，1976）。

《論語》（《十三經注疏》本；台北：藝文印書館，1979）。

《孟子》（《十三經注疏》本；台北：藝文印書館，1979）。

丁福保：《說文解字詁林》（台北：鼎文書局，1977）。

段玉裁:《說文解字注》（台北：蘭臺書局，1977）。

劉　熙:《釋名》（台北：商務印書館，1979）。

《國語》（台北：里仁書局，1980）。

趙　曄:《吳越春秋》（台北：商務印書館，1978）。

《戰國策》（台北：里仁書局，1982）。

日・瀧川龜太郎:《史記會注考證》（台北：洪氏出版社，
　　　　1977）。

《漢書》（台北：鼎文書局，1979）。

王先謙:《漢書補注》（台北：新文豐出版公司，1975）。

徐天麟:《西漢會要》（台北：里仁書局，1979）。

袁　宏:《後漢記》（台北：華正書局，1974）。

《東觀漢記》（《四部備要》本；台北：中華書局，1970）。

《後漢書》（台北：鼎文書局，1979）。

徐天麟:《東漢會要》（台北：里仁書局，1979）。

《三國志》（台北：鼎文書局，1979）。

徐　整:《五運曆紀》，收入馬驌:《繹史》，卷一（台北：廣
　　　　文書局，1969）。

《隋書》（台北：鼎文書局，1983）。

《宋史》（台北：鼎文書局，1980）。

陳振孫:《直齋書錄解題》（京都：中文出版社，1978）。

焦　竑:《國史經籍志》，收入《明史藝文志廣編》（台北：世
　　　　界書局，1963）。

章學誠:《校讎通義》（台北：華世出版事業公司，1980）。

《太公兵法太公六韜》（台北：夏學社，1981）。

日‧安井衡：《管子纂詁》（台北：河洛書局，1976）。

吳則虞：《晏子春秋集釋》（台北：鼎文書局，1977）。

孫詒讓：《定本墨子閒詁》（台北：世界書局，1982，十一版
　　　　）。

朱師轍：《商君書解詁》（台北：鼎文書局，1979）。

郭慶藩：《莊子集釋》（台北：河洛出版社，1974）。

王先謙：《荀子集解》（台北：台灣時代書局，1975）。

陳奇猷：《韓非子集解》（台北：河洛出版社，1974）。

陳奇猷：《呂氏春秋集解》（台北：華正書局，1985）。

朱佑曾：《逸周書集訓校釋》（台北：商務印書館，1971）。

郝懿行：《山海經箋》（台北：藝文印書館，1974）。

畢沅：《山海經》注（台北：啟業書局，1977）。

袁　珂：《山海經校注》（台北：里仁書局，1982）。

《新書》（台北：中華書局，1983）。

王利器：《新語校注》（台北：明文書局，1987）。

王利器：《鹽鐵論校注》（台北：世界書局，1979）。

汪繼培：《潛夫論箋》（台北：大立出版社，1984）。

《列女傳》（台北：廣文書局，1979）。

陳　立：《白虎通義疏證》（台北：鼎文書局，1973）。

黃　暉：《論衡校釋》（台北：商務印書館，1983）。

荀　悅：《申鑒》（台北：中華書局，1966）。

桓　譚：《新論》，收入嚴可均輯：《全三代兩漢三國六朝文》
　　　　（京都：中文出版社，1981）。

崔　寔：＜政論＞，同前（同前）。

陶弘景：《相經序》，同前（同前）。

王　朗：《相論》，同前（同前）。

崔豹、王謨輯：《古今注》（《漢魏叢書》本；台北：大化出版
　　　　社，1983）。

范　寧：《博物志校證》（台北：明文書局，1981）。

《孔子家語》（《中國子學名著集成》本；台北：中國子學名著
　　　　編印基金會，1978）。

王叔岷：《劉子集證》（台北：台聯國風出版社，1975再版）。

趙　蕤：《長短經》（台北：世界書局，1877）。

皮日休：《皮子文藪》（《四部叢刊》本；台北：商務印書館，
　　　　1979）。

馬國翰：《玉函山房輯佚書》（京都：中文出版社，1979）。

《月波洞中記》（台北：老古文化事業公司，1983）。

《夷門廣牘·相法十六篇》，收入《新編叢書集成》（台北：新
　　　　文豐出版公司，1985）。

袁柳莊、袁忠徹合編：《神相全編》（台南：大孚書局，1982
　　　　）。

《黃帝素問靈樞經》（《國學基本叢書》本；台北：商務印書館
　　　　）。

《黃帝內經素問合纂》（台北：老古文化事業公司，1981）。

林愼菴：《四診抉微》（台北：泰華堂出版社，1979）。

朱　熹：《楚辭集注》（台北：河洛出版社，1980）。

曹　植：《曹子建集》（台北：中華書局，1978）。

庚　信：《庚開府集》，收入明·張溥輯：《漢魏六朝百三名家

集》（台北：文津出版社，1979）。

《增補六臣註文選》（台北：華正書局，1981）。

杜　牧：《樊川文集》（台北：里仁書局，1979）。

洪　邁：《夷堅志》（台北：明文出版社，1982）。

《太平御覽》（京都：中文出版社，1980）。

吳處厚：《青箱雜記》（《四庫全書》本；台北：商務印書館）。

《眞本金瓶梅詞話》（台北：大元文化事業公司），

二、考古材料

《新中國的考古發現和研究》（北京：文物出版社，1984）。

李孝定：《甲骨文字集釋》（台北：中央研究院歷史語言研究所
，1965）

周法高：《金文詁林》（京都：中文出版社，1981）。

《侯馬盟書》（台北：里仁出版社，1980）。

《睡虎地秦墓竹簡》（台北：里仁出版社，1981）。

龐　樸：＜帛書五行篇校注＞，收入《文史集林》，第二册（
台北：木鐸出版社，1980）。

吳九龍：《銀雀山漢簡釋文》（北京：文物出版社，1985）。

《黃帝四經》，＜稱＞（台北：天士出版社，1982）。

馬王堆漢墓帛書整理小組：＜馬王堆漢墓帛書《相馬經》釋文＞
，《文物》，1977，第八期。

安徽省文物工作隊、阜陽地區博物館、阜陽縣文化局：＜阜陽雙
古堆西漢汝陰侯墓發掘簡報＞，《文物》，1978•8。

薛英群：＜居延新簡官文書選釋＞上，收入甘肅省社會科學院：
　　　　《社會科學學報》，1986‧4。

薛英群：＜居延新簡官文書選釋＞下，收入甘肅省社會科學院：
　　　　《社會科學學報》，1986‧5。

黃永武主編：《敦煌寶藏》（台北：新文豐出版公司，1986）。

三、近人著作

王國維：《觀堂集林》（台北：世界書局，1970）。

田宗堯：＜王充對漢代迷信思想的駁斥＞（續），《文史哲》，
　　　　1983‧2。

朱天順：《中國古代宗教初探》（台北：谷風出版社，1986）。

杜正勝：＜周代封建制度的社會結構＞，收入《中國上古史待定
　　　　稿》，第三本（台北：中央研究院歷史語言研究所，
　　　　1985）。

杜正勝：＜傳統家族試論＞，《大陸雜誌》，第六五卷，第二期
　　　　，1982。

李　敖：＜宋帝始生異象考＞，收入《李敖全集》，冊十一（台
　　　　北：遠流出版公司，1986）。

李偉泰：＜論衡對漢代禁忌的記載與批評＞，見氏著：《漢初學
　　　　術及王充論衡述論稿》（台北：長安出版社，1985）。

余英時：＜東漢政權之建立與士族大姓之關係＞，收入《中國智
　　　　識份子階層論》。

余英時：＜漢晉之際士之新自覺與新思潮＞，收入《中國知識階

層史論——古代篇》（台北：聯經出版事業公司，
　　1980）。

邢義田：＜漢代中國與羅馬關係的再省察——拉西克著「羅馬東方
　　貿易新探」讀記＞，《漢學研究》，第三卷，第一期，
　　1985。

邢義田：＜秦漢皇帝與聖人＞，收入《陶希聖先生九秩榮慶祝壽
　　論文集國史釋論》，下冊（台北：食貨出版社，1988
　　）。

呂思勉：《秦漢史》（台北：台灣開明書店，1983，六版）。

呂思勉：《讀史札記》（台北：木鐸出版社，1983）。

沈雁冰：《中國神話研究》，收入《中國古代神話》（台北：里
　　仁書局，1982）。

周道濟：＜西漢君權與相權之關係＞，《大陸雜誌》，第十一卷
　　，十二期，1964。

季羨林：＜三國兩晉南北朝正史裏的印度傳說＞，收入氏著：《
　　中印文化關係史論叢》（北京：人民出版社，1957）。

金發根：＜讖緯思想下的東漢政治和經學＞，收入《沈剛伯先生
　　八秩榮慶論集》（台北：聯經出版事業公司，1976）。

林富士：《漢代的巫者》，《台大歷史研究所碩士論文》，
　　1987。

胡　適：＜王充的論衡＞，收入《論衡校釋》，附編四。

袁　珂：＜山海經寫作的時地及篇目考＞，收入《山海經校注》。

徐復觀：＜王充論考＞，收入氏著《兩漢思想史》，卷二（台北
　　：學生書局，1979，二版）。

馬非白：《秦集史》（台北：弘文館出版社，1986）。

高　亨：<荀子新箋>，收入《中國古代哲學論叢》（台北：帛
　　　　書出版社，1985）。

秦家懿：<聖在中國思想史內的多重意義>，收入《清華學報》
　　　　，第十七卷，第一、二期合刊，1985‧12。

許倬雲：<春秋戰國間的社會變動>，收入氏著：《求古編》（
　　　　台北：聯經出版事業公司，1982）。

許倬雲：<漢代家庭的大小>，收入氏著：《求古編》。

郭婉容：《個體經濟學》（台北：三民書局，1980，再版）。

曹婉如：<中國古代地理學史的幾個問題>，《自然科學史研究
　　　　》，卷一，第三期，1982。

陳英略：《鬼谷子相人才秘訣》（台北：鬼谷子先師紀念堂，
　　　　1984）。

張光直：《考古學專題六講》（北京：文物出版社，1986）。

黃國安：《王充思想之形成及其論衡》（台北：商務印書館，
　　　　1975）。

傅樂成：《時代的追憶論文集》（台北：時報出版公司，1984
　　　　）。

勞　榦：<關於漢代官俸的幾個推測>，收入《勞榦學術論文集
　　　　》，甲編，下冊（台北：藝文印書館，1976）。

葛劍雄：<西漢人口考>，《中國史研究》，1981‧4。

劉長林：《內經的哲學和中醫學的方法》（北京：科學出版社，
　　　　1982）。

劉增貴：《漢代婚姻制度》（台北：華世出版社，1980）。

魯　迅：《中國小說史略》（翻印本改名爲《校訂本中國小說史
　　　》）（無出版地：崇文堂，原出版日期1924）。

鄭德坤：《中國歷史地理論文集》，＜山海經及其神話＞（台北
　　　：聯經出版事業公司，1981）。

蕭　璠：＜皇帝的聖人化及其意義＞（未刊稿）。

瞿同祖：《中國封建社會》（台北：里仁書局，1984）。

顧頡剛：＜五德終始說下的政治和歷史＞，收入《古史辨》，第
　　　五冊（台北：影印本，無出版日期）。

韓復智：＜西漢物價的變動與經濟政策之關係＞，收入氏著《漢
　　　史論集》（台北：文史哲出版社，1980）。

四、外文著作（含譯著）

Schwartz, Benjamin I.; *The World of Thought in Ancient China*. Mass. Harvard Univ. Press. 1985.

Geertz, Clifford; *The Interpretation of Cultures*. New York. Basic Books Publishers. 1973.

Durkhelm, Emile and Mauss, Marcel; Rodney Needham tr. *Primitive Classification*. Chicago. The Univ. of Chicago Press. 1963.

Waston James L.; " *Anthropological Overview*：*The Development of Chinese Descent Groups* " in Patricia Buckley Ebrey and James L. Waston, ed, *Kinship Organization in Late Imperial*

China: 1000-1940. California. Berkeley Univ. Press. 1986.

Tumin, Melvin M.; *Social Stratification: the forms and functions of inequality*, New Jersey. Prentice-Hall, Inc., 2nd. 1985.

Fracasso, Riccardo; *Teratoscopy or Divination by Monsters: Being a Study on the Wu-tsang Shang-ching*, 《漢學研究》第一卷，第二期。

Ch'u, T'ung-tsu; *Han Social Stucture*. Seattle. Univ. of Washington Press. 1972.

Turner, Victor W.; *Divination as a Phase in a Socisl Process*. in W. A. Lessa ed. *Reader in Comparative Religion*, 3nd.

Lessa, W. A.; *The Context of Chinese Body Divination*, in Mario Zomora, et al (eds.), *Themes in Culture*, Manila: Kayumnggi Publishers. 1971.

Lessa, W. A.; *Somatomancy: Precusor of the Science of Human Constitution*, in W. A. Lessa and E. Vogt (eds), *Reader in Comparative Religion*, 2nd ed. Evanston, Ill.: Row, Petersen, 1965.

Wang, Zhongshu, K. C. Chang tr.; *Han Civilization*. New Heaven & London. Yale Univ. Press. 1982.

李約瑟著，杜維運譯：《中國之科學與文明》，第三冊（台北：商務印書館，1973）。

馬凌諾斯基(Bronislaw Malinowski)著，朱岑樓譯：《巫術、科
　　　學與宗教》（台北：協志工業叢書出版公司，1978 ）。

出石誠彥：《中國神話傳說の研究》，＜龍に由來ついて＞（東
　　　京：中央公論社，1943 ）。

表 1　　《山海經》分類表

《漢書》,＜藝文志＞	漢	《山海經》	數術‧形法家
《隋書》,＜經籍志＞	唐	《山海經圖讚》 《山海經音》	史部‧地理
《舊唐書》,＜經籍志＞	唐	《山海經圖讚》 《山海經圖讚》 《山海經音》	乙部‧史錄‧地理
《新唐書》,＜藝文志＞	宋	《山海經》 《山海經圖讚》 《山海經音》	乙部‧史錄‧地理
《宋史》,＜藝文志＞	元	《山海經讚》 《山海經》 《山海經圖》	史類‧地理 子類‧五行類 ＊ 子類‧五行類
《崇文總目》	宋	《山海經圖讚》 《山海經圖》	地理類
《郡齋讀書志》	宋	《山海經》 《山海經圖》	地里
《直齋書錄解題》	宋	《山海經》	地理類
《文獻通考》	元	《山海經》 《山海經圖》	地理類
《國史經籍志》	明	《山海經》 《山海經圖讚》 《山海經圖》 《山海經音》	史類‧地理‧方物
《古今圖書集成》	清		經籍典‧山經類 ＊＊
《四庫全書》	清	《山海經》 《山海經廣注》	史部‧小說家

＊　《宋史》＜藝文志＞之分類頗有恢復《漢書》＜藝文志＞分類之意。

＊＊　在《古今圖書集成》中將《山海經》單獨成一類,而不歸入地志部,
　　或許是作者也覺得《山海經》不易歸類吧!

表2　五行分類表*

五行	木	火	水	金	土
方位	東	南	西	北	中
星	歲星	熒惑	塡星	太白	辰星
日	甲乙	丙丁	戊己	庚辛	壬癸
四季	春	夏	季夏	秋	冬
數	八	七	五	九	六
味	酸	苦	甘	辛	鹹
臭	羶	焦	香	腥	朽
祀所	戶	竈	中霤	門	行
器官	脾	肺	心	肝	腎
音	角	徵	宮	商	羽
色	青	赤	黃	白	玄
畜	羊	雞	牛	犬	彘
穀	麥	菽	稷	麻	黍
帝	太皞	炎帝	黃帝	少皞	顓頊
神	句芒	祝融	后土	蓐收	玄冥
虫	鱗	羽	倮	毛	介
宮室	青陽	明堂	太廟	總章	玄堂

*　據《呂氏春秋》〈十二紀〉編製。

表3　聖人不相表(一)

	《荀子》，<非相>	《淮南子》，<脩務訓>	《春秋繁露》，<三代改制質文>	《禮緯含文嘉》	《春秋緯合誠圖》
伏羲					伏羲龍身牛首，渠肩、達掖、山準、日角、歲目珠衡、駿毫翁鬣、龍脣龜齒，長九尺有一寸，望之廣視之專。㉑
堯	帝堯長。	堯眉八彩，九竅通，而公正無私，一言而萬民齊。⑬			赤帝之為人，視之豐長，八尺七寸，豐下兌上，龍顏日角，八采三眸，鳥庭荷勝，琦表射出，握嘉履翼，竅息洞通。赤帝體為朱鳥，其表龍顏，多黑子。赤帝之精生於翼下。㉒
舜	帝舜短。……堯舜參牟子。❶	舜二瞳子，是謂重明。入事成法，出言成章。⑭	舜形體大而員，首而明，有二瞳子。性長于天文，純於孝慈。		
禹	禹跳。❷	禹耳參漏，是謂大通。興利除害，疏河決江。⑮	禹生發於背，形體長，長足，胼疾，行先左，隨以右。……性長於行，習地明水。⑯	禹耳三漏，是謂大通。興利除害，決河疏江。	

	《荀子》，< 非相>	《淮南子》，<修務訓>	《春秋繁露》，<三代改制質文>	《禮緯含文嘉》	《春秋緯合誠圖》
皋陶	皋陶之狀，色如削瓜。❸	皋陶馬喙，是謂至信。決獄明白，察於人情。❿		皋陶馬喙，是謂至誠，決獄明白，察于人情。	
契			契先發胸，長於人倫。		
湯	湯偏。❹		湯體長專小，足左扁而便。……性長於天光，質易純仁。	湯臂三肘，是謂柳翼，攘去不義，萬民藩息。⓫	
伊尹	伊尹之狀，面無須麋。❺				
傅說	傅說之狀，身如植鰭。❻				
文王	文王長。	文王四乳，是謂大仁。天下所歸，百姓所親。⓬	文王形體博，有四乳而大足，性長於地勢。	文王四乳，是謂至仁。天下所歸，百姓所親。	
武王				武王望羊，是謂攝揚，盱目陳兵，天下富昌。	
周公	周公短。……周公之狀身如斷菑。❼			周公背僂，是謂俊強。成就周道，輔于幼主。	

	《荀子》，<非相>	《淮南子》，<脩務訓>	《春秋繁露》，<三代改制質文>	《禮緯含文嘉》	《春秋緯合誠圖》
閎夭	閎夭之狀面無見膚。❽	'			
徐偃王	徐偃王之狀目可瞻馬。❾				
孔子	仲尼長。……仲尼之狀面如蒙倛。❿			孔子反宇，是謂尼邱，德降所興，藏元通流。⓴	
子弓	子弓短。				
公孫呂	昔者衛靈公有臣曰公孫呂，身長七尺，面長三尺，焉廣三寸，鼻目耳具，而名動天下。⓫				
孫叔敖	楚之孫叔敖，期思之鄙人也，突禿長左軒較之下而以楚霸。⓬				
葉公子	葉公子高微小短瘠，行若將不勝其衣。				

表4　聖人不相表㈡

	《春秋緯演孔圖》	《春秋緯元命苞》	《孝經援神契》	《白虎通義》，〈聖人〉	《論衡》，〈骨篇〉
伏羲		伏羲大目、山準、龍顏。	伏羲大目、山準、日角衡而連珠。	伏羲日祿衡連珠，大目，山准龍狀，作易八卦以應樞。	
神農			神農長八尺有七寸，宏身而牛頭，龍顏而大脣，懷成鈐，戴玉理。		
黃帝		黃帝龍顏，得天庭陽，上法中宿，取象文昌，戴天履陰，乘教制剛。	黃帝身逾九尺，附函挺柔，修髯花夏，河目龍顙，日角龍顏。	黃帝龍顏，得天匡陽，上法中宿，象文昌。	黃帝龍顏。
倉頡	倉頡四目，是謂並明。⑳				
顓頊	顓頊戴干，是謂崇仁。㉑	顓頊併幹，上法月參，集威成紀，以理陰陽。㉒		顓頊戴干是謂清明，發節移度，蓋象招搖。	顓頊戴午。
帝嚳	帝嚳戴干，是謂清明。	帝借（嚳）戴干，是謂清明發節移度，蓋象招搖。		帝嚳駢齒，上法月參，康度成紀，取理陰陽。	帝嚳駢齒。
堯	堯眉八彩，是謂通明。	堯眉八彩是通明，歷象日月璇機玉衡。舜重瞳子，是謂滋涼，上應攝是，以象三光。	堯鳥庭荷勝，八眉。	堯眉八彩，是謂通明，歷象日月，璇璣玉衡。	堯眉八采。

	《春秋緯演孔圖》	《春秋緯元命苞》	《孝經援神契》	《白虎通義》，〈聖人〉	《論衡》，〈骨篇〉
舜	舜目重瞳，是謂元景。		舜龍顏，重瞳大口，手握裦。㉚	舜重子，是謂滋涼，上應攝提，以象三光。	舜目重瞳。
禹	禹耳參漏，是謂大通。		禹虎鼻。	禹耳三漏，是謂大通，興利除害，決河疏江。	禹耳三漏。
皋陶				皋陶馬喙，是謂至誠，決獄明白，察于人情。	皋陶馬口。
后稷		后稷岐頤自求，是謂好農，蓋象角亢，載土食穀。㉗			
湯	湯臂三肘，是謂柳翼。	湯臂四時（肘），是謂神剛，象月推移，以綏四方。		湯臂三肘，是謂柳翼，攘去不義，萬惡咸息。	湯臂再肘。
伊尹	伊尹大而短，赤色而髯，好偃而下聲。				
文王	文王四乳，是謂含良。	文王四乳，是謂含良，蓋法酒旗，布恩舒明。……文王龍顏、柔肩，望羊。㉘		文王四乳，是謂至仁。天下所歸，百姓所親。	文王四乳。

	《春秋緯演孔圖》	《春秋緯元命苞》	《孝經援神契》	《白虎通義》，〈聖人〉	《論衡》，〈骨篇〉
武王	武王駢齒，是謂剛強。❸	武王駢齒，是謂剛強，承命誅害，以從天心。		武王望羊，是謂攝揚，盯目陳兵，天下富昌。	武王望陽。
周公				周公背僂，是謂強俊。成就周道，輔于幼主。	周公背僂。
孔子	孔子長十尺，大九圍。坐如蹲龍，立如牽牛，就之如昂，望之如斗。		孔子海口，言若含澤。❸	孔子反宇，是謂尼甫，德降所興藏元通流。	孔子反羽。

表5′　聖人不相表㈢

	《潛夫論》，＜五德志＞	《劉子》，＜命相＞ * **
伏羲	其相日角。	伏羲日角。
黃帝	其相龍顏。	黃帝龍顏。
顓頊	其相骿幹。	顓頊骿骭。
帝嚳	其相戴干。	帝嚳戴肩。
堯	其眉八彩。	堯眉八彩。
舜	其目重瞳。	舜目重瞳。
禹	其耳三漏。	禹耳三漏。
皋陶		皋陶馬喙。
后稷	其相披頤。	
湯	其相二肘。	湯臂二肘。
文王	厥相四乳。	文王四乳。
武王	武王骿齒。	武王齟齒。
孔子		孔子反宇。
顏回		顏回重瞳。

*　《劉子》成書時代較晚，但所述之聖人相頗全，故
　錄之以供參考。

**　又，《鹽鐵論》＜散不足＞有堯相，其他緯書中
　亦間有一、兩位聖人相，因資料較少，故不錄。

註　釋

❶　參眸子，謂有二瞳之相參也(a)。

❷　步不相過也(a)。躄也，跛也(b)。

❸　如削皮之瓜，青綠色(a)。

❹　鄭（玄）注《尙書大傳》：「湯半體枯。」(a)偏，借爲蹁；足不正也(b)。參以上表《春秋繁露》，當以高明之說爲是。

❺　無鬚眉也(a)。

❻　鰭在魚之背，立而上見，駝背人似之。然則傅說背僂歟(a)？鰭，疑當讀爲楮；謂其身如立柱(b)。

❼　苣者直立之貌，周公背傴，不能直立，故云如斷苣(a)。

❽　言其多鬚髯，蔽其膚也(a)。

❾　不能俯視細物也(a)。馬元刻本作焉。焉，借爲顏；謂其目可見其額，因其額特高也(b)。

❿　倛，方相也。其首蒙茸然(a)。蒙倛，卽彭蜞；蟹屬也。言其面如螃蟹(b)。

⓫　言其面長而狹，鼻、目、耳雖具，但相去疏遠(a)。焉，借爲顏；言其額、鼻、目、耳俱大(b)。

⓬　禿頭而左脚長也(a)。

⓭　眉有八彩之色(c)。《尙書大傳》曰；「堯八眉。八者，如八字也。」《抱朴子》〈袪惑〉：「八彩，謂兩眉頭豎似八字耳。」(d)

⓮　二瞳子，卽重瞳、參眸之意(d)。

⓯　三穴也(e)。

⓰　喙若馬口(e)。

⓱　四乳，言生八子也。《春秋繁露》〈郊祭〉（當爲〈郊語〉）：「周國子多賢，蕃殖至於駢孕男者四，四乳而得八男，皆君子俊

雄也。」(d)然其餘諸書似無將四乳作如此解者，而多以四乳爲四乳房之意。

⑱　胊疾，即跛足也。

⑲　二肘，或作四肘，或作再肘。

⑳　反宇，或作反宇；謂孔子首如尼丘山(d)。《路史》注引《世本》云：「反首張面，言頂上窊也。」孔子首形像邱，四方高，中下(c)。

㉑　龍身、牛首，渠肩、達掖、山準、歲目、駿毫翁鬣、龍脣龜齒，諸書無考。日角謂額有骨表。珠衡，衡中有骨表如連珠(c)。

㉒　埼表射出、握嘉履翼、竅息洞通，諸書無考。鳥庭荷勝，魏·宋均注《孝經援神契》云：「鳥庭，庭有骨表，……朱鳥戴聖荷勝似之。」

㉓　四目，無考。

㉔　戴干，或云頭戴干戈，或云鳶肩，或云面額高滿(d)。《論衡》作戴午，誤。《劉子》作戴肩。肩與干，古同意，可相假。

㉕　駢齒，或作齟齒；象鈎星也(d)。魏·宋均《春秋元命苞》注謂駢齒爲「重齒」。

㉖　宋均注：「併，猶重也。」是併幹云重幹也。

㉗　宋均注：「面皮有土象也。頤面爲下部，下部爲地，巧於利也。」或作枝頤，誤。岐頤者，頭骨隆起而岐出，巖巖然高，故象角冗(f)。

㉘　宋均注：「柔肩，言象龍肩曲起。」

㉙　手握裦，宋均云「手中有裦字」。

㉚　宋均謂「海口，言善食海澤也」。

ａ．王先謙：《荀子集解》，＜非相＞。

ｂ．高亨：＜荀子新箋＞，收入：《中國古代哲學論叢》。

c．陳立：《白虎通義疏證》，〈聖人〉。

d．黃暉：《論衡校釋》，〈骨相〉。

e．日本・耕齋宇：《淮南鴻烈解》，〈脩務〉。

f．汪繼培：《潛夫論箋》，〈五德志〉。

圖 1　敦煌相書(一)

錄自《敦煌寶藏》，冊一二九，伯三五八九號。

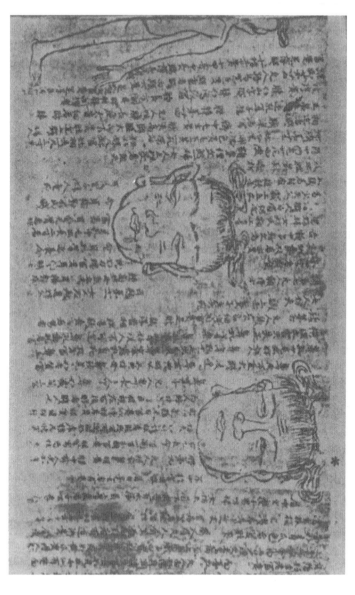

圖 2 敦煌相書(二)

錄自《敦煌寶藏》，冊一二九，伯三五八九號。

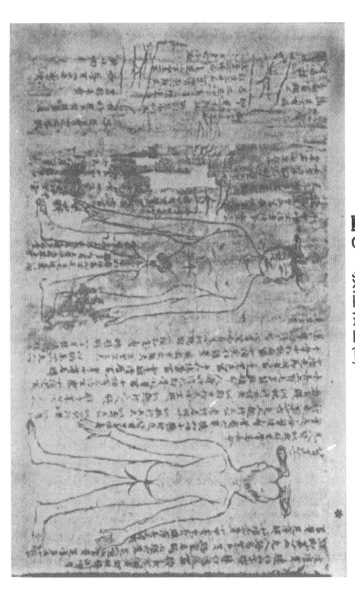

圖 3　敦煌相書(三)

錄自《敦煌寶藏》，冊一二九，伯三五八九號。

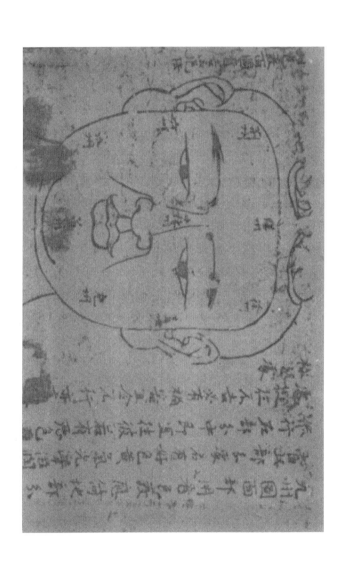

圖4 九州面部圖

錄自《敦煌寶藏》，冊一二八，伯三三九〇號。

圖5　九州八卦干支之圖

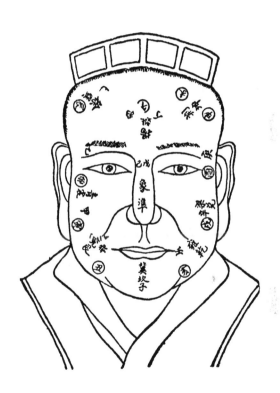

錄自《神相全編》，卷十。

圖6　五星六曜五岳四讀之圖

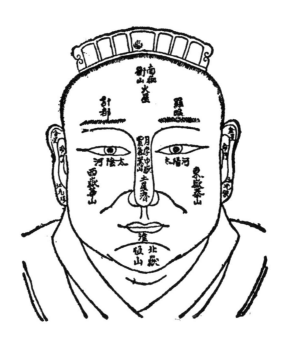

錄自《神相全編》，卷二。

圖7　十三部位總要之圖

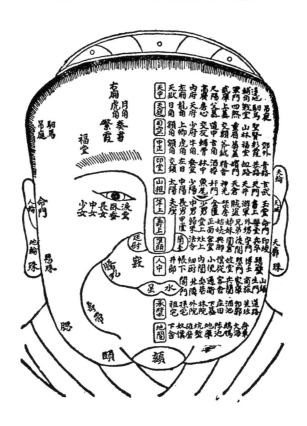

錄自《神相全編》，卷一。

圖8　面部形色諸證之圖

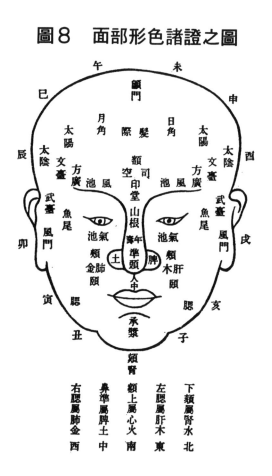

錄自《四診抉微》，卷三。

國家圖書館出版品預行編目資料

漢代的相人術

祝平一著. – 初版. – 臺北市：臺灣學生，民79
面；公分
參考書目：面

ISBN 978-957-15-0044-7(平裝)

1. 相書

293.2   79000927

漢代的相人術 (全一冊)

著　作　者：祝　　　　　平　　　　　一

出　版　者：臺 灣 學 生 書 局 有 限 公 司

發　行　人：楊　　　　　雲　　　　　龍

發　行　所：臺 灣 學 生 書 局 有 限 公 司
　　　　　　臺北市和平東路一段七十五巷十一號
　　　　　　郵 政 劃 撥 帳 號：00024668
　　　　　　電　話：(02)23928185
　　　　　　傳　眞：(02)23928105
　　　　　　E-mail：student.book@msa.hinet.net
　　　　　　http://www.studentbook.com.tw

本書局登
記證字號：行政院新聞局局版北市業字第玖捌壹號

印　刷　所：長 欣 彩 色 印 刷 公 司
　　　　　　新北市中和區永和路三六三巷四二號
　　　　　　電　話：(02)22268853

定價：新臺幣三〇〇元

一　九　九　〇　年　二　月　初　版
二　〇　一　六　年　一　月　初　版　二　刷

29301
ISBN 978-957-15-0044-7 (平裝)